기도의 사람들 1

기도의 사람들 1

글쓴이 | 박신일
일러스트 | 오기원
초판 발행 | 2023년 3월 8일
등록번호 | 제1988-000080호
등록된 곳 | 서울특별시 용산구 서빙고로65길 38
발행처 | 사단법인 두란노서원
영업부 | 2078-3352   FAX | 080-749-3705
출판부 | 2078-3331

책 값은 뒤표지에 있습니다.
ISBN 978-89-531-4434-7 04230
ISBN 978-89-531-4435-4 04230(세트)

독자의 의견을 기다립니다.
tpress@duranno.com   http://www.Duranno.com

두란노서원은 바울 사도가 3차 전도여행 때 에베소에서 성령 받은 제자들을 따로 세워 하나님의 말씀으로 양육하던 장소입니다. 사도행전 19장 8-20절의 정신에 따라 첫째 목회자를 돕는 사역과 평신도를 훈련시키는 사역, 둘째 세계선교(TIM)와 문서선교(단행본잡지) 사역, 셋째 예수문화 및 경배와 찬양 사역, 그리고 가정상담 사역 등을 감당하고 있습니다. 1980년 12월 22일에 창립된 두란노서원은 주님 오실 때까지 이 사역들을 계속할 것입니다.

기도의 두 손을 들라

박신일 지음

기 도 의 사 람 들 1

Raise
Be Humble
Cry Out
Call on Him
Trust
Overcome

두란노

목차

모든 사람은
기도 앞에서 평등하다

목회 여정을 걸으며 교인들과 함께 씨름해 온 숙제가 있다. 그 것은 '우리는 그리스도의 좋은 제자가 될 수 있는가?'이다. 왜냐하면, 그리스도인은 거듭나는 순간 하나님의 자녀이자 주님의 제자로 태어나기 때문이다. 신자와 제자를 구분하려는 가르침은 자신이 아직 제자가 아니어도 된다는 타협의 여지를 남길 수 있다. 그러나 구원받은 성도는 모두가 제자이다. 각자 성숙도가 다를 수 있어도 그리스도의 제자임은 부인할 수 없다. 이것이 예수님이 가르쳐 주신 말씀이고 신앙의 길이다.

2000년을 지나면서 북미와 한국에서 제자 훈련의 실패라는 화두가 등장했다. 이는 신실한 그리스도인을 배출하고 싶은 갈망에서 나온 고백일 것이다. 어떤 제자 훈련이 교회에 필요할까? 모든 교회가 가지고 있는 이 고민에 대한 완전한 답은 없다. 하지만 지난 제자 훈련의 역사를 통해 교회가 다시 점검해 보아야 할 몇 가지를 깨닫게 되었다.

첫째, 제자 훈련은 평생의 과정이다. 우리의 신앙은 미완성으로 끝이 난다. 겸비한 마음을 가지고 신앙의 길을 걸어갈 필요가 있다. 불가능하다는 포기를 선언하자는 말이 아니다. 오히려 그 반대로 끝까지 말씀을 배우는 제자 훈련의 길에서 살아가자는 뜻이다. 교회 교육은 학교 교육처럼 시작과 끝이 있는 게 아니다. 교회는 기초 제자 훈련 과정을 넘어 평생 배울 수 있는 폭넓은 제자 훈련의 길을 준비하여 교인이 평생 제자가 되어 가는 삶을 살도록 안내해야 한다.

둘째, 제자 훈련의 실제 현장이 교회만 아니라 가정과 일터, 개인의 삶의 현장임을 가르쳐야 한다. 교회가 성경 공부만 제자 훈련이라고 강조하면 실수할 수 있다. 가장 많은 시간을 보내고 있는 일터와 학교, 가정 그리고 홀로 있는 시간 모두 제자 훈련의 현장임을 알려 주어야 한다. 그곳에서 말씀을 따라 살아가려는 태도를 갖고 경건의 연습을 하며 살도록 권해야 한다. 이렇게 함으로써 교회와 세상에서의 모습이 다른 이중적인 삶을 경계하고, 진실하고 일치된 삶(Integrity)을 살아갈 수 있다.

셋째, 제자 훈련의 내용을 다양하게 준비해야 한다. 모든 사람은 각기 다른 특성을 가지고 있기 때문이다. 학습을 통해 잘 배우는 사람, 기도로 더 많이 변화되는 사람, 수련회와 같은 영성 훈련 혹은 침묵이나 고독의 영성 훈련을 통해 변화되는 사람, 말씀 묵상을 통해 영적 진보가 일어나는 사람 등 너무도 다양하다. 지역 사회를 섬기는 봉사 활동, 단기 선교, 소그룹의 만남 속에서 믿음을 배워 가는 일들도 얼마든지 있다. 교회는 제자 훈련이 총체적으로 일어날 수 있음을 인식하고 한 가지 학습 방법만의 제자 훈련을 추구하는 것에서 변화하는 노력을 기울여야 한다.

우리 교회는 '평생 제자 양육'이라는 흐름 속에서 제자 훈련을 강조한다. 평생 그리스도의 제자가 되어 가자는 것이다. 우리는 미완성으로 끝날 테지만 주님이 완성시켜 주실 것이다. 다만, 어떤 경로를 통해서든지 각 사람이 그리스도의 제자가 되어 가는 길에 서서 배우고 참여하고 연습하며 살아가자는 것이다. 그리스도인은 누구나 하나님을 만나러 가는 순례의 도상에 있기 때문이다. 어디로 가는지 아는 것이 제자도의 시작이다.

《기도의 사람들 1》은 교인들과 함께 말씀을 배우고 기도했던 내용들을 정리해서 쓴 책이다. 성경에 나오는 특정 인물들을 선택하여 그들이 드렸던 기도가 우리 자신의 기도가 되도록 말씀을 묵상하며 배우고 기도할 수 있도록 했다. 이 책을 읽고 공부하는 분들의 기도의 삶과 영적 성숙에 작은 도움이 되기를 바란다.

기도가 우리 삶의 일상적 행위가 되지 않으면, 하나님과의 교제의 실현은 단순한 이론에 그칠 뿐 그 이상이 될 수 없다.[1] 기도는 모든 사람 앞에 평등하다.

2023. 2
박신일

Raise

제1과

모세의 기도

두 손을 높이 들라

하나님이 기도를 주신 목적은 피조물인 우리에게 어떤 일을 유발하는 존재로서의 특권을 부여하시기 위함입니다.[2] 기도 없이 살면 내가 하는 일만 봅니다. 하지만 기도하는 사람은 하나님이 행하시는 일을 봅니다. 기도는 우리를 자랑하는 도구가 아니라 하나님을 자랑하도록 주신 선물이 분명합니다.

이런 실험을 한다고 가정해 봅시다. 병원에 환자가 100명이 있습니다. 이 중에서 딱 50명만을 정해 놓고 교인들이 집중적으로 기도하기 시작합니다. 과연 성도들이 기도하는 환자 50명의 상태가 나머지 50명보다 더 빠르게 호전될까요? 이런 방법으로 기도의 효력을 검증할 수 있을까요?

물론 가능하다고 대답하고 싶을 것입니다. 하지만 기도는 실험으로 통계를 낼 수 없습니다. 아픈 자를 위한 기도는 진정한 회복을 바라며 하는 것이지 통계를 얻으려고 하는 것이 아닙니다. 이런 실험은 그 자체가 불가능할 수밖에 없습니다.[3] 왜냐하면 한쪽은 낫기를 바라면서 다른 한쪽은 덜 낫기를 바란다면 기도의 동기가 성립되지 않기 때문입니다. 기도의 효력을 증명하려는 시도는 기도를 마법이나 자동판매기 정도로 생각하는 것밖에 되지 않습니다. 이런 오류에 빠지지 않으려면 성경에 기초한 '기도의 신학'이 필요합니다.

기도는 하나님과의 관계에서 시작합니다. 기도는 알지 못하는 어떤 존재에게 비는 것이 아닙니다. 혼자서 털어놓거나 되뇌는 독백도 아닙니다. 기도는 살아 계신 하나님과의 대화입니다. 기도는 듣는 분명한 대상이 있습니다. 이 사실을 잊어서는 안 됩니다. 그래서 하나님은 기도를 통해 우리에게 당신이 어떤 분인지 보여 주십니다.[4]

기도는 하나님과의 관계 안에서 이루어지기에 그분의 성품과 따로 떼어 놓고는 결코 생각할 수 없습니다. 따라서 그런 종류의 기도 응답을 기대해서는 안 됩니다.

1. 창세기 3장 9-10절에서, 하나님과 아담의 첫 대화는 누가 먼저 시작하나요? 그리고 그 내용은 무엇인가요?

하나님과 아담의 대화 속에서 기도의 원칙을 발견합니다. 하나님은 우리 모습을 꿰뚫고 계십니다. 그리고 우리의 필요가 무엇인지 정확히 알고 계십니다. 그러므로 기도는 단지 내 필요를 구하는 것만이 아닙니다. 관계 속에서 태어나고 이루어지는 대화입니다. 예수님이 가르쳐 주신 '주기도문'은 이렇게 시작합니다. "하늘에 계신 우리 아버지여"(마 6:9). 영성은 하나님을 아버지라고 부르는 것입니다. 따라서 기도가 효력이 있는지, 통하는지 질문하는 것은 어리석습니다. 정상적인 아버지라면 자식을 위해 가장 좋은 것을 준비하는 것처럼, 우리의 아버지 되시는 하나님도 그렇게 하실 것이기 때문입니다. C. S. 루이스(Lewis)도 "기도는 하나님과 인격적인 관계에서 시작한다"고 했습니다.[5] 따라서 하나님이 어떤 분인지 알 때 기도하는 사람이 됩니다.

2. 디모데전서 2장 8절에서, 바울은 누구에게 어떤 자세로 기도할 것을 당부하고 있습니까?

남자들에게 "거룩한 손을 들어 기도"하라고 말씀합니다. 만약 가정에서 가장이 분노를 멈추고 손을 들고 기도한다면 아내와 자녀들에게 어떤 일이 일어날까요? 힘의 논리가 지배하는 세상과 일터에서 두 손을 들고 기도한다면 다툼이 멈추지 않을까요? 사실, 우리는 손을 이용해서 적극적으로 죄를 지을 때가 있습니다. 인류가 처음으로 범한 죄도 손으로 열매를 취한 것이었습니다. 그러나 손을 깨끗이 하여 기도의 도구로 사용한다면, 시편 24편 3-4절의 말씀처럼 여호와의 산에 오르고 거룩한 곳에 설 수 있습니다. 그렇다면 손을 들고 기도한다는 것은 구체적으로 무슨 뜻일까요?

3. 하나님의 종 모세는 애굽 왕 바로 앞에 섭니다. 세상 최고 권력자 앞에서 그가 할 수 있는 것은 별로 없었습니다. 하지만 그가 손을 들었을 때 놀라운 일이 일어납니다. 출애굽기 9장 22절과 26절을 읽어 보겠습니다.

이스라엘 백성이 출애굽하기 직전에 열 가지 재앙이 있었고, 그 중 일곱 번째가 우박 재앙입니다. 하나님은 모세에게 하늘을 향하여 손을 들어 우박을 내리게 하라고 명령하십니다. 하나님은 말씀만으로도 이 같은 일을 행하실 수 있는 분입니다. 그런데 왜 모세에게 손을 들라고 하신 걸까요? 26절을 보면 알 수 있습니다. 애굽 전역에 내린 우박이 고센 땅에만 없었습니다. 그런데 이런 일이 처음 있었던 것이 아닙니다. 하나님은 열 가지 재앙을 내리실 때 이스라엘 백성이 거하는 곳을 보호하셨습니다. "내 백성이 거주하는 고센 땅을 구별하여"(출 8:22). "내가 내 백성과 네 백성 사이를 구별하리니"(출 8:23). 그때마다 하나님은 모세에게 손을 들라고 하셨습니다.

이것은 표징을 보이시기 위함이었습니다. 하나님은 출애굽 직전의 재앙들을 통해 '내 백성'과 그렇지 않은 백성을 구별하고 계십니다. 디모데전서 2장 8절에서 바울의 "거룩한 손을 들어 기도"하라던 부탁은 이 세상에서 구별된 삶을 살기 위해 하나님께 간구하라는 뜻이 담겨 있는 것 아닐까요? 이후 애굽에는 아홉 번째 재앙이 찾아옵니다. 여기에도 상징적인 의미가 있어 보입니다.

4. 흑암이 임하는 재앙을 위해 모세가 하늘을 향하여 손을 내밀 때 이스라엘 자손이 거주하는 곳에는 전혀 다른 일이 일어납니다. 어떤 일이 일어났나요? 출애굽기 10장 21-23절을 찾아봅시다.

애굽에 임한 아홉 번째 재앙은 흑암입니다. 3일 동안 애굽 온 땅이 어둡고 캄캄하여 서로 알아볼 수도, 처소에서 일어날 수도 없었습니다. 그러나 이스라엘 백성이 거주하는 곳에는 빛이 있었습니다. 하나님의 백성이 있는 곳에는 어둠이 임하지 못했습니다. 하나님이 이 과정을 통해 보여 주고자 하신 것은 분명합니다. 내 백성을 구별하시겠다는 것입니다. 흑암 속에서도 내 백성에게는 빛을 비추어 애굽 사람들과 뒤섞이지 않게 하시겠다는 것입니다. 이렇듯 세상의 어둠 속에서도 빛을 품고 살아가는 사람, 혼돈과 방탕과 뒤섞이지 않고 구별된 삶을 사는 사람이 하나님의 백성입니다. 하나님은 빛을 비추어 어둠 속에서 빛으로 살아가는 '한 사람'을 세우십니다. 우리가 두 손을 들어야 하는 이유가 여기에 있습니다. 하나님은 우리를 구별하시기 위해서 두 손을 들라고 말씀하십니다. 나를 유혹하는 타락과 방황의 위협 앞에서 두 손을 들고 기도하라고 간곡히 부탁하십니다. 모세처럼 손을 들고 기도한다면 어둠의 현장에서 빛을 비추시는 하나님의 도움에 힘입어 살 수 있습니다. 나의 양심과 영혼을 비추는 하나님의 빛이 있기에 구별된 자로 설 수 있습니다.

5. 에스라 9장 5-7절에서, 에스라는 어떤 자세로 기도하고 있나요? 그 이유는 무엇입니까?

바벨론 포로에서 돌아온 에스라는 무릎을 꿇고 여호와를 향하여 손을 들고 기도합니다. 죄 때문에 기도합니다. 이스라엘은 조상들이 지은 죄 때문에 나라를 빼앗기고 바벨론의 포로가 되는 징계를 받았습니다. 에스라는 이 모든 죄악을 회개하며 어둠이 물러가도록 기도합니다. 비록 지금껏 어둠이었지만 이제 빛이 되고 싶다는 간절한 마음으로 기도합니다. 그런데 왜 속옷과 겉옷을 찢은 채 무릎을 꿇고 기도할까요? 반드시 이렇게 해야 하는 때가 있다는 것을 우리에게 알려 주기 위함입니다. 아무리 중한 병에 걸려도 반드시 무릎을 꿇고 기도해야 할 때가 있습니다. 그러면 왜 손을 들고 기도할까요? 무식한 사람이나 광신자라서 그렇습니까? 손 안 들고 조용히 기도해야 성숙한 지성인입니까? 그렇지 않습니다. 정말 간절한 사람이 두 손을 드는 것입니다. 어둠에서 나오고 싶을 때, 진정으로 빛이 되고 싶을 때 손을 들고 기도합니다. 구별된 삶을 위해 두 손을 들고 하나님께 기도해 보기를 바랍니다.

━━━ 기도하면 불가능의 바다를 건넙니다

6. 왜 두 손을 들고 기도해야 하는지 시편 88편 9절을 통해서 알아보겠습니다.

우리는 어느 때 하나님께 두 손을 들고 기도할까요? 곤란한 상황, 내 힘으로 해결할 수 없는 문제 앞에서입니다. 모세가 그랬습니다. 출애굽에 성공했지만, 이스라엘 백성 앞에 놓인 것은 홍해였습니다. 뒤에서는 애굽 군대가 쫓아옵니다. 그런데 바다 앞에서 마땅히 할 수 있는 것이 없습니다. 모든 백성이 모세를 원망하며 분노합니다. 이때 모세가 이스라엘 백성에게 믿음으로 말합니다. "너희는 두려워하지 말고 가만히 서서 여호와께서 오늘 너희를 위하여 행하시는 구원을 보라… 여호와께서 너희를 위하여 싸우시리니 너희는 가만히 있을지니라"(출 14:13-14). 그런 모세에게 하나님이 무엇을 명령하십니까?

7. 홍해가 갈라지는 기적을 일으키시기 위해 하나님은 모세에게 무엇을 명령하십니까? 출애굽기 14장 15-16절을 찾아 읽어 보겠습니다.

하나님은 모세에게 "지팡이를 들고 손을 바다 위로 내밀어 그것이 갈라지게 하라"(출 14:16)고 명령하십니다. 모세의 모습과 심정을 상상해 보세요. 뒤로는 두려움과 분노와 원망과 의심의 눈으로 가득한 200여만 명의 이스라엘 백성이 있습니다. 더 뒤로는 살기로 가득해 쫓아오는 애굽의 군대가 있습니다. 그런 상황을 뒤로한 채 두 손을 들고 서서 하나님의 응답을 기다리고 있는 것입니다. 지팡이를 쥔 그의 손은 그 어느 때보다도 떨렸을 것입니다. 그 떨리는 팔에 힘을 주며 간절히 기도했을 것입니다. 거룩한 긴장감, 그러나 더는 물러설 곳이 없다는 절박함이 그를 붙들었을 것입니다. 그리고 마침내 하나님은 바다를 가르기 시작하십니다.

우리가 간절히 손을 들 때 하나님은 일하십니다. 불가능의 바다를 만날 때, 사방이 가로막혀 길이 안 보일 때, 내 힘으로는 도저히 통과할 수 없는 문제 앞에 설 때 주님은 하늘을 향해 손을 들고 기도하라고 말씀하십니다. "나만 바라봐라! 네 힘으로 할 수 없음을 고백해라! 항복해라!" 하십니다. 그 말씀에 순종할 때 주님의 역사로 눈앞의 바다가 갈라지고, 그곳을 건너는 은혜를 체험하게 됩니다. 왜냐하면, 우리 하나님은 바다를 지으시고 우주 만물을 운행하는 전능하신 분이기 때문입니다. 성령의 역사를 믿고 기도하는 것이 중요합니다. 나의 연약함을 인정하고 전능하신 하나님을 향하여 두 손을 들고 간절히 기도해야 합니다. 물론 기도한다고 고난이 사라지지는 않습니다. 모든 사람에게 기도의 응답이 같지도 않습니다. 그러나 기도하면 주님이 함께 그 고난을 통과해 주십니다. 하나님이 그 길을 이끌어 주십니다.

8. 이스라엘 백성과 바로의 군대 중 홍해에서 죽게 된 것은 누구입니까? 출애굽기 14장 16절과 28절을 읽고 생각해 봅시다.

하나님은 하늘과 바다의 주인이십니다. 약속의 땅을 향하여 인도하시는 하나님은 이미 이스라엘 백성 앞에 바다가 있을 것이라는 사실을 알고 계셨습니다. 죽음이 눈앞에 다가왔을 때 모세의 팔은 떨리고 이스라엘 백성의 눈빛은 의심으로 가득 찼지만, 하나님은 단호하고 확실하게 승리를 보여 주십니다. 이스라엘 백성은 기쁨과 환호성으로 바다를 건너고, 바로의 군대는 수장됩니다. 하나님은 그들을 두렵게 만든 애굽의 군대를 죽이십니다. 시편의 말씀처럼(시 28:1-2), 죽음의 위협이 다가올 때 하나님을 향하여 두 손을 들고 기도하기 바랍니다. 두려움의 바다에서 건지시는 주님의 손이 우리를 붙드는 은혜를 경험하게 될 것입니다.

━━━ 기도하면 영적인 전쟁에서 승리를 누립니다

9. 모세는 아말렉과의 전투에서 기도합니다. 어떻게 기도하는지 출애굽기 17장 9-11절을 읽어 보겠습니다.

이스라엘 백성은 홍해를 건넌 후 아말렉과 전쟁을 치릅니다. 여호수아는 모세의 지시로 전쟁을 이끕니다. 반면에 모세는 산꼭대기에 올라가 서서 손을 들고 기도합니다. 그런데 놀라운 일이 벌어집니다. 모세가 기도의 손을 올리면 이스라엘이 승리로 나아가다가도 손을 내리면 전세가 아말렉 쪽으로 기울었습니다. 전쟁의 승패가 전술이나 전력이 아니라 기도하는 두 손에 달려 있었습니다. 모세가 팔을 들고 있는 것이 힘들어지자 아론과 훌이 돌을 가져다가 그를 앉히고 각각 팔 한 쪽씩을 맡아 붙들어 올렸습니다. 마침내 이스라엘이 전쟁에서 승리했습니다. 후에 그곳을 '여호와 닛시'라고 불렀습니다(출 17:15).

우리가 두 손을 들고 기도해야 하는 이유는 영적 전쟁터에서 하나님의 승리를 경험하기 위해서입니다. 어떤 것의 노예로 사는 것은 주님이 우리를 지으신 목적이 아닙니다. 하나님은 우리가 묶인 것에서 자유하고 하나님께 인도받으며 살도록 지으셨습니다. 기도할 때 우리는 자신의 연약함을 깨닫고 하나님의 강하심을 배우게 됩니다. "거룩한 손을 들어 기도"하라고 부탁했던 사도 바울은 "내가 약한 그때에 강함이라"(고후 12:10)고 고백합니다. 평생 육체의 가시를 가지고 살았던 바울은 기도하며 몸으로 그 승리를 체험한 사람입니다. 우리는 누구나 자신의 힘으로 건널 수 없는 불가능의 강을 만나게 됩니다. 그때 기도의 두 손을 들고 "하나님 아버지" 하고 간구하기를 바랍니다.

우리는 하나님을 아버지라고 부르는 자녀입니다. 기도는 하나님과 자녀 사이 관계에서 나오는 대화입니다. 만약 내 손을 죄짓는 도구가 아니라 기도하는 도구로 사용한다면 하나님이 얼마나 기뻐하실까요? 각자의 자리에서 두 손을 들고 기도합시다. 그것이 내가 주의 자녀임을 선포하고 구별된 백성임을 고백하는 것입니다.

1. 하나님의 자녀로서 세상의 어둠과 뒤섞이지 않고 거룩하게 살고 싶은 갈망이 있습니까? 자기 삶의 현장을 함께 나누어 보겠습니다. 내가 항상 지나가는 곳, 내가 머무는 자리는 어디입니까? 그곳에서 나를 유혹하는 것은 무엇입니까? 무엇이 나를 하나님 아버지의 자녀답지 않게 만듭니까? 나의 가장 연약한 부분, 쉽게 무너지는 부분은 무엇입니까?

🙏 어둡고 타락한 현장에서도 두 손을 들고 기도하면 하나님이 그 자녀에게 빛을 비추셔서 환경을 이길 수 있게 도우실 것입니다. 어둠을 만났을 때 그것을 물리치고 나올 수 있

도록 두 손을 들고 함께 기도합시다.

2. 지금 내 앞에 놓인 홍해는 무엇인가요? 나를 뒤쫓으며 사지로 내몰고 있는 애굽의 군대는 무엇인가요? 내 힘으로 도저히 감당할 수 없는 막막한 상황이 무엇인지 각자의 이야기를 나누어 봅시다.

바다를 지으신 하나님은 가나안 땅으로 가는 모든 길과 그 앞에 바다가 있음을 알고 계십니다. 애굽의 군대를 어떻게 물리치실지도 계획하고 계십니다. 모세가 떨리는 마음으로 두 손을 들었을 때 하나님은 일하기 시작하셨습니다. 인간의 생각과 지혜가 아닌 하나님의 기적이 바다를 갈랐습니다. 우리 가정에 놓인 문제를 주님 앞에 내려놓고 두 손을 들고 함께 기도하겠습니다.

3. 시편 63편 3-4절을 함께 읽어 봅시다. "주의 인자하심이 생명보다 나으므로 내 입술이 주를 찬양할 것이라 이러므로 나의 평생에 주를 송

축하며 주의 이름으로 말미암아 나의 손을 들리이다". 손을 들고 기도하는 자의 결론은 찬송입니다. 손을 든 자는 반드시 찬송의 열매를 맺습니다. 지금 내가 드릴 수 있는 찬송의 고백은 무엇인가요?

🙏 옆 지체를 위해 중보기도 합시다. 아말렉과의 전투에서 모세가 두 손을 들고 기도했을 때 아론과 훌의 도움이 있었기에 이스라엘이 승리할 수 있었습니다. 어둠의 세상 속에서, 불가능의 바다 앞에서, 영적 전투의 현장에서 힘겨워하는 양옆 사람의 손을 잡겠습니다. 그리고 그 손을 함께 높이 들고 기도하겠습니다. 우리가 서로 힘을 합쳐 손을 들고 기도한다면 하나님의 구별된 자로 설 수 있을 것입니다. 흑암에서 생명의 빛을 발할 수 있을 것입니다. 그곳에 승리를 선포하고 기쁨의 찬송을 부르며 살아갈 수 있도록 옆 지체를 위해 중보기도 하겠습니다.

주님, 내 삶의 자리와 일터에서 두 손을 들고 기도하겠습니다. 우리가 두 손을 들 때 모든 유혹과 어둠이 물러갈 줄 믿습니다. 구별된 자로 살아갈 힘을 주옵소서. 앞에 놓인 홍해와 뒤에서 쫓아오는 애굽의 군대 앞에서 두 손을 들고 기도하겠습니다. 내 생각과 지혜를 내려놓고 기도할 때 하나님이 이루시는 역사를 보고 그 은혜를 누릴 줄 믿습니다. 예수 그리스도의 이름으로 기도합니다. 아멘.

곤란으로 말미암아 내 눈이 쇠하였나이다
여호와여 내가 매일 주를 부르며
주를 향하여 나의 두 손을 들었나이다

시 88:9

제2과

늙은 종의 기도

겸비하라

세속성은 주변의 반응에 의존하며 살아가는 것입니다.[6] 그러나 기도는 자신이나 사람들, 세상의 반응이 아니라 하나님의 반응을 구하며 살아가려는 행동입니다. 그 기도 앞에서 우리는 낮아짐을 배웁니다. 미워해야 할 사람을 사랑하는 기적을 배우기도 합니다. 기도는 결국 기도하는 사람을 변화시킵니다.

기도할 때 주님께 '무엇이든지' 구해도 괜찮을까요? 시시콜콜한 것까지 기도하는 것은 염치없는 일인가요?

하나님은 우리의 아버지이시고 우리는 그분의 자녀입니다. 1과에서 나눈 것처럼, '기도는 관계에서 나오는 대화'이기 때문에 자녀 된 우리가 아버지 하나님께 무엇을 구하든지 상관없습니다. 기도는 연약한 우리가 전능하신 주님께 드리는 것입니다. 하지만 무엇이든 구하다 보면 때로는 내 욕심으로 구할 수 있습니다. 욕심이 지나쳐서 죄로 흘러 버리기도 합니다. 그렇다고 욕심이나 죄를 숨겨서는 안 됩니다. 그럴수록 아주 솔직하게 기도하는 것이 중요합니다. 우리가 숨김없이 다 내놓고 기도한다면 지나친 부분은 하나님이 조정해 주실 것이기 때문입니다.[7] 잘못 구하고 있는 것은 주님께서 다 알려 주실 것입니다.

주기도문에 "뜻이 하늘에서 이루어진 것같이 땅에서도 이루어지이다"(마 6:10)라는 구절이 나옵니다. 기도는 내 뜻이 아니라 주님의 뜻을 이루는 것입니다. 아주 작은 것까지 솔직하게 기도해야 하는 이유가 바로 여기에 있습니다. 구하는 가운데 하나님 아버지의 뜻을 배울 수 있기 때문입니다. 하나님이 나를 통해 무엇을 이루고자 하시는지 기도의 과정에서 알아 갑니다. 때로는 우리 마음을 바꿔 주기도 하십니다. 그래서 솔직한 기도는 주님을 알아 가는 매우 중요한 훈련과 연습이 될 수 있습니다. 그 과정을 통해 주님이 원하시는 기도의 내용과 태도를 배워 나갑니다.

━━━ 때로는 거룩한 욕망도 필요합니다

창세기 24장에는 아브라함의 늙은 종이 나옵니다. 그는 주인 아브라함의 며느릿감을 구하기 위해 메소보다미아로 떠납니다. 목적지에 당도한 후 그는 하나님께 기도를 올립니다. 그 기도는 매우 솔직했습니다. 그리고 하나님은 그 솔직한 기도에 빠르게 응답하십니다. 15절에는 "말을 마치기도 전에" 리브가가 나왔다고 기록합니다. 즉 늙은 종이 기도를 끝내기도 전에 이삭의 배우자를 보여 주신 것입니다. 만일 기도하는 중에 응답을 받는다면 얼마나 감격스럽겠습니까? 아마도 그리스도인이라면 기도하며 이런 욕심을 부려 볼 수 있을 것입니다. 이기적인 목적이 아니라 하나님의 응답을 빨리 받고 싶은 열정에서 말입니다.

우리 안에는 죄악 된 욕망 말고 거룩한 욕망도 있습니다.[8] 욕망이 없었다면 인간은 어떠한 위대한 일도 이루어 내지 못했을 것입니다. 단 한 편의 교향곡조차 만들지 않았을 것이고, 단 하나의 산봉우리조차 오르지 않았을 것입니다. 거룩하고 선한 욕망이 없었다면 불의와 아무런 투쟁도 하지 않았을 것입니다.[9] 기도에도 거룩한 욕망이 담겨야 합니다. 우리가 거룩한 욕망을 갖고 기도한다면, 말을 마치기도 전에 응답받는 감격을 누릴 수 있지 않을까요?

그런데 늙은 종의 기도에는 무언가 다른 것이 담겨 있습니다. 솔직한 기도 속에서 드러나는 그의 영적인 태도를 보아야 합니다. 기도 응답의 속도에 감탄하기에 앞서, 그의 솔직한 기도에 담긴 내용이 무엇이기에 하나님이 그렇게 빠르게 응답하셨는지 꼼꼼히 짚어 봐야 합니다.

1. 아브라함은 자기 집의 모든 소유를 맡아 보는 늙은 종에게 특별한 부탁을 합니다. 창세기 24장 7-8절을 함께 찾아 읽어 봅시다.

고향을 떠나 약속의 땅에 정착한 아브라함은 100세의 나이에 이삭을 얻었습니다. 어느덧 이삭이 결혼할 때가 되어 며느릿감을 구하려고 합니다. 가나안 땅이 아닌 고향에서 데려오려고 계획을 세웁니다. 그리고 이 계획을 실행할 사람으로 자신과 평생 함께한 늙은 종을 지명해 보냅니다. 여기에는 반드시 지켜야 할 사항이 있습니다. 며느릿감을 가나안으로 데려와야 합니다. 그들은 하나님이 주신 약속의 땅에서 살아야 하므로 이삭이 그곳으로 갈 수는 없습니다. 고향을 떠난 것은 하나님의 약속이 성취되는 과정이었기에 거꾸로 돌아갈 수는 없기 때문입니다.

2. 늙은 종은 무엇을 갖고 메소보다미아로 떠났나요? 그리고 그 과정에서 느껴지는 늙은 종의 마음은 무엇인가요? 창세기 24장 9-10절을 읽어 보겠습니다.

늙은 종은 아브라함의 지시를 성실히 수행하겠다고 맹세합니다. 그리고 낙타 열 마리와 그 위에 온갖 좋은 예물을 싣고 메소보다미아 나홀의 성으로 향합니다. 그는 자신의 역할이 무엇인지 분명하게 알고 있습니다. 주인 아브라함에게 임한 하나님의 언약이 다음 세대에게 온전히 흘러가도록 마중물 역할을 하는 것입니다. 그런데 한편으로는 이렇게 생각해 볼 수도 있습니다. 성경의 표현대로라면 그는 '늙은' 종입니다. 긴 여행을 하려면 힘들 수 있습니다. 빨리 일을 이루려고 대충해 버릴 수도 있지요. 어차피 자신은 살날이 얼마 안 남았고, 이 일은 결국 아브라함의 가족들 몫이니까요. 그러나 늙은 종에게는 일을 대충 끝내고 돌아가려는 조급함이 보이지 않습니다. 그는 '약속의 성취'라는 사명으로 묵직한 발걸음을 뗐습니다.

3. 창세기 24장 12-14절에서 늙은 종이 기도를 드립니다. 12절의 첫 번째 간구는 '순조롭게 만나게 해 달라'는 것입니다. 여기에는 어떤 의미가 담겼을까요?

해가 뉘엿뉘엇 지고 있을 때였습니다. 성안의 아낙네들이 성 바깥의 우물로 물을 길으러 나오는 시간이었습니다. 늙은 종은 낙타를 우물곁에 쉬게 하고 기도를 올립니다. 이삭의 베필을 "순조롭게", 즉 '어려움 없이 성공적으로' 만나게 해 달라고 기도합니다. 이 간구에는 일의 진행과 결과가 주님 손에 있음을 의탁하는 고백이 담겨 있습니다. 모든 것을 내려놓고 주님만 의지하겠다는 결단이요, 하나님 뜻대로만 이루어지게 해 달라는 기도입니다.

그뿐만 아니라 늙은 종의 기도에는 자기가 원하는 때가 아니라 하나님의 때에, 내 눈에 좋은 사람이 아니라 하나님 보시기에 좋은 사람을 만나게 해 달라는 겸비한 마음이 있습니다. 늙은 종은 산전수전 다 겪은 노련한 사람입니다. 인생의 풍부한 경험으로 사람을 충분히 볼 줄 압니다. 그러나 그는 자신의 경험이나 안목으로 이삭의 배필을 결정할 마음이 없습니다. 자기 생각은 다 내려놓고 하나님께 맡겼습니다. 이런 겸비한 마음으로 구하는 늙은 종에게 하나님은 빨리 응답해 주고 싶지 않으셨을까요? 신속한 응답을 구하기 전에 하나님의 마음에 합한 태도로 기도하는 것이 우선이어야 함을 배웁니다. 하나님 앞에 겸비한 마음으로 기도하는 한 사람이 되기를 바랍니다.

4. 늙은 종이 두 번째로 간구한 것은 무엇인가요? 창세기 24장 12절을
  찾아 읽어 보세요.

다음으로 늙은 종은 "내 주인 아브라함에게 은혜를 베푸시옵소
서"라고 기도합니다. 일이 "순조롭게" 진행되기를 바라는 것은 자신
을 위한 기도입니다. 하지만 주인이 은혜 받기를 기도하는 것은 남
을 위한 기도, 즉 중보기도입니다. 사실, 늙은 종이 조금이라도 인
간적인 생각과 계산을 했다면 이런 중보기도를 올리지 않았을 것
입니다. 이삭이 태어나지 않았더라면 아브라함의 상속자가 이 늙
은 종이 될 수도 있었기 때문입니다. 후손이 없던 시절 아브라함은
다메섹 사람 엘리에셀이 자신의 상속자가 될 거라고 생각했습니다
(창 15:2). 성경학자들은 엘리에셀이 바로 이 늙은 종일 것이라고 입
을 모읍니다. 하지만 하나님은 아브라함의 몸에서 날 자가 상속자
가 될 것이라고 약속하며 언약을 맺으십니다. 그러니 인간적으로
만 생각하면 이삭은 늙은 종 엘리에셀의 앞길을 막은 사람이나 다
름없습니다. 하나님이 그런 언약을 하지 않으시고, 이삭이 태어나
지만 않았더라면 그 많은 유산이 늙은 종에게 갈 수 있었을 것이기
때문입니다. 만약 그에게 욕심과 복수심이 있었다면 이삭의 신붓감

을 구하기 위해 멀고 먼 길을 온 상황에서 형편없는 사람 아무나 대충 골라 데려갈 수도 있었습니다. 하지만 그는 주인을 향한 충성심을 담아 가정에 하나님의 사랑과 은혜가 부어지기를 간절히 바라며 중보기도를 올리고 있습니다. 주인의 뒤를 이을 이삭도 아름다운 믿음의 가문을 이루도록 기도하고 있습니다. 그런 늙은 종의 처지를 다 아시는 하나님이 그 마음을 꿰뚫어 보시고 감동받지 않으셨을까요? 하나님이 어찌 이 기도에 응답하지 않으시겠습니까? 다른 사람을 위하여 진심으로 드리는 기도에 하나님이 응답하실 줄 믿고 기도하십시오.

━━━ 바른 응답을 받기 위해 기다림을 배워야 합니다

5. 창세기 24장 13-20절에서 늙은 종은 하나님께 무엇을 간구합니까?
   그 결과는 어떻게 되었습니까?

늙은 종은 하나님의 사인을 구하며 매우 구체적으로 기도를 올립니다. 성안에서 물 길으러 나온 소녀들에게 자기가 물을 달라고 청할 텐데, 그중에 서슴없이 물동이를 기울여 마시게 하고 이어서 낙타에게까지 물을 주는 이가 있다면 그 소녀가 이삭의 배필이라

는 사인으로 받아들이겠다는 것입니다. 놀랍게도 이 기도를 끝내기도 전에 리브가가 물동이를 어깨에 메고 나왔습니다. 게다가 그녀가 늙은 종이 기도한 대로 그에게 물을 건네고, 낙타 열 마리에게도 물을 길어 주었습니다. 여기서 중요한 것은 기도 응답의 속도보다 늙은 종의 태도입니다. 그는 기도한 그대로 응답이 되었다고 기뻐 뛰어야 할 상황인데 오히려 냉정합니다. 그 이유가 무엇일까요?

6. 창세기 24장 21절에서 늙은 종의 태도는 어떻습니까? 왜 그런 태도를
   보였을까요?

───────────────────────────────

늙은 종은 자신이 구한 사인에 그대로 응답을 받았음에도 리브가를 묵묵히 지켜봅니다. 주님이 응답해 주셨다며 덥석 붙들지 않습니다. 하나님이 과연 평탄한 길을 주신 이유가 무엇인지를 살피기 위해서입니다. 이것이 진짜 하나님이 주신 응답인지 위장된 응답인지 분별하기 위해서입니다. 늙은 종이 가져온 낙타 열 마리를 보고 부잣집 사람이라고 생각해서 의도적으로 호의를 베풀 수도 있습니다. 늙은 종의 이러한 태도는 우리가 응답을 구할 때 감정적으로 반응하지 않고 신중하게 기다릴 줄 알아야 한다는 것을 가르쳐 줍니다. 기도 응답을 받았다고 해서 금방 흥분하거나 응답이 없

다고 금방 실망하는 자세를 버려야 한다는 것입니다. 우리는 기도하면서 하나님의 시간을 기다릴 줄 알아야 합니다. 늙은 종처럼 묵묵히 주목하며 신중함으로 하나님의 뜻을 기다리고 분별하는 자세가 필요합니다. 사인은 사인일 뿐입니다. 더 중요한 것은 하나님이 주신 응답인지를 확인하는 것, 즉 보내 주신 사람의 됨됨이를 주님 안에서 신중하게 보는 것입니다. 배우자를 구할 때 사인보다 더 중요한 것은 그 사람 자체입니다. 이런 신중함을 가진 늙은 종에게 하나님은 응답을 늦추실 필요가 없으셨을 것입니다.

7. 리브가가 하나님의 응답임을 확신한 늙은 종이 가장 먼저 한 일은 무엇입니까? 창세기 24장 22-27절을 읽어 봅시다.

낙타들이 물을 다 마신 후 늙은 종은 리브가에게 금 코걸이와 손목고리를 선물합니다. 그녀는 자신이 아브라함의 동생 브두엘의 딸임을 밝힙니다. 게다가 집에서 유숙할 수 있도록 초대까지 하자 늙은 종은 이 소녀가 하나님이 주신 응답임을 확신합니다. 그는 머리 숙여 여호와께 경배하며 찬송합니다. 결국, 기도의 마지막이 찬송으로 끝납니다.

누구든지 수고하여 좋은 결과가 나오면 자신이 드러나길 원합니다. 나를 알아주길 바랍니다. 그러나 늙은 종은 이 모든 일의 중심에 하나님이 계심을 고백하며 그분께만 영광을 올려 드립니다. 브두엘의 집에 들어가서도 마찬가지입니다. 리브가의 오라버니인 라반 앞에서 좀 전에 있었던 사건을 이야기하면서, 이 모든 일이 자신의 수고와 지혜가 아니라 "내 주인 아브라함의 하나님 여호와께서 나를 바른 길로 인도하사"(창 24:48) 리브가를 만날 수 있었다고 진심으로 고백합니다. 겸비한 태도는 기도의 생명입니다. 그런 사람의 기도는 반드시 찬송으로 귀결됩니다. 늙은 종이 리브가를 데리고 주인 아브라함이 있는 곳으로 돌아가며 창세기 24장의 아름다운 이야기는 마무리됩니다. 기도하는 곳에 교만은 설 자리를 잃습니다. 대신 겸손이 뿌리를 내립니다.

하나님은 우리의 아버지시요, 우리는 그분의 자녀입니다. 아버지를 향한 자녀의 기도는 솔직해야 합니다. 때로는 이기적인 욕심으로 기도를 시작할 수 있습니다. 그래도 염려하지 마십시오. 기도하다 보면 하나님이 내 마음을 그분의 뜻에 맞추어 조정해 주십니다. 중요한 것은 우리가 거룩한 욕망을 갖고 솔직하게 기도해야 한다는 점입니다. 기도를 마치기도 전에 응답이 오기를 소원해야 합니다. 그러기 위해서는 우리의 기도 태도가 바뀌어야 합니다. 기도할 때 하나님 앞에서 겸비해야 하며, 나만을 위한 기도를 넘어서 다른 사람을 위해서도 기도해야 합니다. 그리고 바른 응답을 얻기 위해 기다림을 배워야 합니다.

1. 솔직한 기도는 결국 하나님의 뜻에 따라 '순조롭게' 되기를 바라는 기도로 바뀔 것입니다. 그리고 내 소원보다 하나님의 뜻과 계획이 이루어지기를 간구하는 기도가 터져 나오게 될 것입니다. 이기적인 욕심을 숨기지 않고 하나님 앞에 솔직하게 고백했는데 하나님이 그 기도를 바르게 조정해 주신 경험이 있다면 함께 나누어 봅시다.

🙏 우리가 이기적인 욕심으로 구해도 하나님은 그것을 축복과 사랑으로 바꾸십니다. 우리 인생의 가장 중요한 기도는 하나님이 원하시는 때에 하나님의 계획이 이루어지기를 간구하는 것입니다. 내 기도가 주님의 뜻을 이루는 기도로 바뀌게 해 달라고, 순조롭게 이루어지기를 바라는 기도로 바뀌게 해 달라고 기도합시다. 그럴 때 말을 마치기 전에, 기도가 끝나기도 전에 하나님의 응답하심을 몸소 체험하게 될 것입니다.

2. 자녀를 위한 기도 제목이 있습니까? 또는 부모님을 위한 기도 제목이 있습니까? 혹시 그것이 내 욕심을 이루기 위한 기도는 아닌가요? 내가 이루지 못한 것을 그들이 대신해 주길 바라는 마음이 담겨 있지 않나요? 각자의 기도 제목을 나누며 점검해 보겠습니다.

🙏 지금까지 내 기도가 자녀들에게 내 욕망을 투영하는 기도였다면 그 자리에서 돌이키십시오. 모든 가족이 말씀에 붙

들리고 하나님의 은혜를 알고 체험하길 기도하십시오. 하나님의 꿈이 내 자녀에게 비전이 될 수 있도록, 하나님의 계획과 역사가 내 부모님의 삶에 이루어지도록 함께 기도하겠습니다. 나의 기도가 거듭나길 기도하겠습니다.

3. 나를 아프게 하고 상처를 준 사람을 위해 기도해 본 적이 있나요? 거꾸로 내가 힘들게 하고 고통을 준 사람을 위해 기도해 본 적이 있나요? 나는 지금 누구를 위해 중보기도 하고 있습니까?

🙏 나에게 고통을 준 사람, 인격적으로 용서할 수 없는 사람, 또는 나 때문에 아팠을 사람이 있다면 마음에 품고 기도하겠습니다. 그들 모두 내가 기도해야 할 연약한 자들입니다. 아브라함의 늙은 종이 기도했던 것처럼, 그들이 하나님의 은혜로 더 잘되고 형통할 수 있도록 기도하겠습니다. 이렇게 진심을 담아 기도하는 자에게 하나님이 용서와 회복의 마음을 주실 것입니다. 그리고 내 마음을 바꾸시는 하나님께 찬송과 영광을 돌리며 기도를 마치게 될 것입니다.

주님, 그동안 내 기도가 주님의 뜻이 아니라 세상의 욕망에 사로잡혀 있었음을 회개합니다. 이제 우리의 기도가 하나님의 뜻에 따라 순조롭게 이루어지길 바라는 고백으로 거듭나기를 바랍니다. 우리 자녀들이 하나님의 말씀과 은혜를 갈망하기를 바랍니다. 다른 사람이 나보다 더 잘되도록 기도하는 축복의 사람이 되고 싶습니다. 말을 마치기 전에 응답하시는 하나님의 역사를 맛보는 참된 기도의 사람으로 인도하옵소서. 예수 그리스도의 이름으로 기도합니다. 아멘.

그러나 더욱 큰 은혜를 주시나니
그러므로 일렀으되 하나님이 교만한 자를 물리치시고
겸손한 자에게 은혜를 주신다 하였느니라

약 4:6

Cry Out

제3과

한나의 기도

통곡하라

우리는 은혜라는 배경 안에서만 죄를 대면할 수 있습니다. 치유의 자리에서만 감히 자신의 상처를 내보일 수 있습니다.[10] 우리가 상처까지도 꺼내놓고 하나님 앞에 엎드릴 수 있는 이유는 주님이 우리를 고치실 수 있음을 믿기 때문입니다. 주님 앞에서 아픔을 토하는 순간 그분의 만지심은 시작됩니다. 그리고 그 통곡의 마지막은 찬송이 될 것입니다.

누구든지 상처받습니다. 그리스도인도 예외가 아닙니다. 그런데 문제는 그 상처를 다른 사람에게 쏟아낸다는 것입니다. 주로 집안과 일터에서 만나는 사람을 대상으로 삼습니다. 그래서 상처가 또 다른 상처를 만들며 전염병처럼 퍼집니다. 이것을 멈추고 끊어 내는 방법은 무엇일까요?

예수님을 정말로 믿는다면 복음이 삶에서 역사해야 합니다. 복음은 예수님이 죽었다가 다시 사신 것입니다. 죄로 죽어 가는 사람을 살리는 능력이 바로 복음입니다. 복음은 절망을 소망으로 바꿉니다. 복음은 상처 입은 마음과 실의에 빠진 생각을 끊어 내는 힘이 있습니다. 예수님의 이름을 부르며 기도한다면 복음의 능력이 내 안에 역사합니다. 그러면 상처와 절망은 반드시 멈춥니다. 복음의 주인이신 주님께 기도하십시오. 우리의 상처가 다른 사람에게 옮겨 가는 틈을 허락지 않으실 것입니다.

자기를 믿는 사람은 기도하지 않습니다. 스스로 모든 것을 다 책임질 수 있다고 믿기에 기도할 필요를 못 느낍니다. 기도는 하나님의 용서와 도우심이 간절한 사람이 합니다. 기도한다는 것은 하나님을 의지하는 곳으로 들어감을 표현합니다.[11]

하나님을 의지하는 사람은 바울처럼 기도합니다. 그는 에베소서 3장 14-15절에서 "이러므로 내가 하늘과 땅에 있는 각 족속에게 이름을 주신 아버지 앞에 무릎을 꿇고 비노니"라고 말했습니다. 주님의 도움이 필요한 자는 무릎을 꿇고 전심전력으로 기도합니다.[12] 기도는 하늘과 땅의 창조주이신 주님을 의존하는 것입니다.

■■■ 해결할 수 없는 상한 감정을 고치십니다

1. 사무엘상 1장 1-5절을 읽어 보겠습니다. 엘가나의 두 아내 이름은 무엇인가요? 엘가나는 지금 누구를 더 사랑하고 있나요?

엘가나에게는 한나와 브닌나라는 두 아내가 있었습니다. 브닌나와 달리 한나에게는 자식이 없었습니다. 그런데 엘가나가 한나에게 제물의 몫을 브닌나의 것보다 두 배는 더 많이 주었다고 합니다. 비록 아이를 낳지는 못했지만 한나를 더 사랑했던 것입니다. 여기까지만 봐도 가정의 상황이 복잡해 보입니다. 당연히 브닌나는 화가 많이 났을 것입니다. 자식도 못 낳는 여자가 남편의 큰 사랑을 빼앗아 간다는 사실에 브닌나는 몹시 분개하며 한나를 계속해서 괴롭힙니다. 사무엘상 1장 6절 이후를 보면, 한나가 얼마나 힘들고 서러웠는지 울기만 하고 아무것도 먹지 않았다고 합니다. 남편 엘가나가 아무리 위로해도 깊게 베인 상처는 쉽게 아물지 않았습니다. 상한 감정은 제물을 두 배로 준다 해도, 그 어떤 말로도 해결할 수 없습니다.

2. 한나가 고통 중에 행한 것이 있습니다. 그리고 그 결과는 놀랍습니다. 사무엘상 1장 10절과 18절을 찾아봅시다.

음식도 제대로 먹지 못할 정도로 힘들어하던 한나가 선택한 것은 기도였습니다. 그녀는 성전에 올라가 간절히 기도했습니다. 그런데 그 모습을 본 엘리 제사장은 그녀가 술에 취한 줄로 생각했습니다. "한나가 속으로 말하매 입술만 움직이고 음성은 들리지 아니"(삼상 1:13)했기 때문입니다. 포도주를 끊으라고 호통치는 엘리 제사장에게 한나는 "나는… 여호와 앞에 내 심정을 통한 것뿐이오니 당신의 여종을 악한 여자로 여기지 마옵소서 내가 지금까지 말한 것은 나의 원통함과 격분됨이 많기 때문이니이다"(삼상 1:15-16)라고 고백합니다. 한나의 상황을 이해한 엘리는 하나님이 그녀에게 기도하고 간구한 대로 허락하실 것이라고 위로합니다.

　　한나는 평안을 찾습니다. 상황은 변한 것이 없습니다. 브닌나는 계속해서 그녀를 괴롭혔습니다. 하지만 기도하고 간구하면서 그녀 자신의 마음이 바뀌었던 것입니다. 주님은 기도하는 한나를 업어 주셨을 것입니다. 그 품에 안아 주셨을 것입니다. 17세기 영국 시인 존 던(John Donne)은 "하나님, 고통 때문에 힘들 때 제가 당신을 바라보게 하시고, 저 혼자서는 아무것도 아님을, 고통이 드러날 때 하나님이 제 전부이심을 깨닫게 하옵소서"라고 기도했습니다.[13] 한나의 기도와 닮았습니다. 한나는 고통 중에 하나님을 바라보았습니다. 하나님 앞에서 자신이 누구이며 하나님이 어떤 분이신지를 알아 갔습니다. 주님만이 자기를 고치실 수 있는 분이라는 사실을 알았기에 감히 상처를 내보일 수 있었습니다. 이처럼 우리가 기도할 때, 누구도 해결할 수 없는 마음의 문제와 상한 감정을 하나님이 어루만지고 고치십니다.

3. 사무엘상 1장 10절과 15절에서, 한나는 어떤 식으로 기도했습니까?

한나는 통곡하며 기도합니다. 하나님께 자신의 감정을 감추지 않고 토하는 기도였습니다. 물론 고통을 참고 견딜 수 있도록 기도하는 것이 맞습니다. 하지만 우리의 인격과 능력으로는 도저히 참을 수 없는 고통에 처할 때가 분명히 있습니다. 용서가 안 되는 사람을 용서하게 해 달라고 기도하는 것이 정말 힘들 때도 있습니다. 그때 우리는 하나님께 소리쳐야 합니다. 참을 수 없는 억울함을 쏟아 내고 토해 내야 합니다. 다윗도 시편에서 원수를 멸해 달라고 기도했습니다(시 54:5). 이런 기도를 '탄식의 기도'라고 말합니다. 포장하지 말고 솔직하게 아프고 괴롭다고 탄식하는 것이 중요합니다. 나의 화를 사람에게 쏟는 것은 잘못이지만, 하나님께 하는 것은 괜찮습니다. 하나님은 우리의 연약함을 아시고 말 너머 눈물과 아픔을 보십니다. 그런 기도를 하나님 앞에 쏟고 또 쏟다 보면, 결국 하나님이 원수를 죽이는 것이 아니라 우리를 고치실 것입니다. 이것이 기도의 신비입니다.

4. 한나가 아이를 갖지 못한 이유는 무엇인가요? 사무엘상 1장 1-5절을
   함께 자세히 살펴보겠습니다.

한나가 아기를 낳지 못하는 이유는 하나님 때문입니다. 하나님
이 한나를 사랑하시지 않았다는 말이 아닙니다. 하나님은 '사랑' 그
자체이시며 동시에 '완전'하신 분입니다. 이 두 가지 안에서 그 까
닭을 물어야 답을 찾을 수 있습니다. 한나가 아이를 잉태하지 못한
것은 하나님의 사랑 안에서 계획된 일입니다. 세상 사람들은 팔자
나 운명으로 여길 수 있습니다. 그러나 한나는 기도하면서 보이지
않는 것을 보았습니다. 완전하신 하나님의 사랑 안에서 자신의 모
습을 보았던 것입니다. 그녀가 기도하며 평강을 회복할 수 있었던
이유가 여기에 있습니다. 이것이 기도에 숨겨진 비밀입니다. 기도
는 보이지 않는 것을 보게 하고 들리지 않는 것을 듣게 합니다. 감
추어진 하나님의 계획 안에 내가 있음을 알게 합니다. 기도하지 않
으면 나의 외모, 형편, 사정, 고통이 평생 팔자요 열등감으로 고정
됩니다. 그러나 하나님을 전적으로 의존하며 기도하면, 지금은 알
수 없지만, 나를 사랑하시는 하나님이 나 같은 사람을 통해 행하실
완전하신 계획이 있음을 믿고 살아가게 됩니다. 그래서 한나의 기

도는 고통으로 시작됐지만 평강으로 끝날 수 있었습니다.

　하나님이 우리의 믿음 성숙을 위해서 고난을 통과시키실 때가 있습니다. 이것을 안다면 단지 고난에서 벗어나는 것이 우리의 목표가 되어서는 안 됩니다. 고난의 때를 채워야 합니다. 임신한 여인은 만 9개월이 넘는 시간을 꼬박 채우고 출산의 고통까지 감내해야 건강한 아기를 품에 안을 수 있습니다. 한나가 고통의 시간을 이겨낼 수 있었던 것은 기도함으로 고난 뒤에 계신 완전하신 하나님의 계획을 보았기 때문입니다. 홍해 앞에 선 이스라엘 백성은 두려워 떨었고 원망했습니다. 길이 보이지 않았기 때문입니다. 그러나 하나님은 그들을 광야로 인도하셨습니다. 사람은 몰라도 하나님은 답을 가지고 계셨습니다. 하나님은 기도하던 모세를 선두에 세우셔서 이스라엘 백성이 홍해 한가운데 마른 땅으로 걸어가게 하셨습니다. 기도할 때만 보이는 길이 있습니다. 지금 아무런 길이 보이지 않는 자리에 서 있다면 우리를 사랑하시는 하나님 앞에 나아가 엎드려 보십시오. 그리고 하나님이 준비해 두신 길을 만나는 은혜를 경험하기 바랍니다.

5. 사무엘상 1장 19-20절을 읽어 보겠습니다. 기도하고 내려온 한나에게 주신 하나님의 응답은 무엇인가요? 그리고 그 응답에 대한 한나의 마음과 태도는 어땠을까요?

하나님은 통곡하며 기도한 한나의 마음을 헤아리셨습니다. 그리고 정하신 때에 아들을 허락하셨습니다. 한나는 그 아이의 이름을 '내가 여호와께 그를 구하였다'는 뜻을 담아 사무엘이라고 짓습니다. 아이의 출산이 하나님의 응답이자 선물이라는 고백입니다.

여기서 한나의 마음과 태도를 생각해 봐야 합니다. 아들을 낳고 한나는 브닌나를 어떻게 대했을까요? 보란 듯이 모욕을 되돌려 주며 앙갚음했을까요? 내쫓았을까요? 성경에는 그것에 관한 아무 기록이 없지만, 기도로 평강을 찾고 주님의 값진 계획과 선물을 맛본 한나가 브닌나를 어떻게 대했을지 충분히 짐작할 수 있습니다. 한나는 브닌나를 안아 주었을 것입니다. 브닌나가 둘째 부인이라는 꼬리표를 달고 평생 아픔 속에서 서럽게 살아가고 있다는 것을 알았기에, 고통과 아픔을 통과한 사람으로서 그녀를 훨씬 따뜻하게 대했을 것입니다. 기도로 상한 감정이 치유된 사람은 다른 사람을 대하는 마음과 태도도 바뀌게 되어 있습니다. "하나님, 주께서 저를 끝까지 사랑하실 거라는 확신을 뒤흔드는 모든 무질서 속에서 제 영혼을 보호해 주십시오"라고 고백한 존 던의 기도가 우리 안에 살아 있기를 바랍니다.[14]

6. 사무엘상 1장 24-28절에서, 한나가 맹세한 것은 무엇인가요? 그리고
   하나님은 한나의 맹세를 어떻게 하셨을까요? 하나님의 마음을 묵상해
   봅시다.

한나는 젖을 뗀 사무엘을 데리고 제사를 드리기 위해 여호와의
집으로 올라갑니다. 엘리 제사장에게 사무엘을 여호와께 드리겠다
고 말하며 경배 드립니다. 이후에 사무엘은 이스라엘 역사의 한 획
을 긋는 사람이 됩니다. 사무엘을 기점으로 사사시대가 끝나고 선
지자의 시대가 열립니다. 이스라엘이 신정국가, 그리고 왕정국가로
변해 가는 이야기의 중심에 사무엘이 있습니다. 한나에게서 난 아
들이 새로운 시대를 여는 사람으로 사용된 것입니다.

사사시대는 하나님의 강력한 능력이 임했던 때입니다. 그러나
혼돈의 시대이기도 했습니다. 사사들의 인격에는 문제가 많았습니
다. 그러나 사사시대의 마지막을 이끌었던 사무엘은 달랐습니다.
그는 기도하는 사람이요 존경받는 지도자였습니다. 여기서 사무엘
의 어머니 한나를 임신하지 못하게 하신 하나님의 감추어진 계획
을 알게 됩니다. 하나님은 한나를 준비시키신 것입니다. 분노 속에
서 자녀를 갖는 것이 아니라 그 고통을 넘어서는 인격적 성숙함에

이르렀을 때, 기도로 평강을 되찾은 후에 아들을 주셨습니다. 통곡의 기도로 고통을 이기는 훈련의 과정을 준비하셨던 것입니다. 그녀는 분노와 억울한 마음을 모두 씻어 낸 후 임신하고 아이를 낳았습니다. 그래서 이스라엘을 인격적으로 통치할 지도자, 하늘의 평강이 유전자가 되어 흐르는 지도자가 탄생했습니다.

오늘 우리가 드리는 기도는 하나님이 준비하시는 미래와 직결되어 있습니다. 하나님을 전적으로 의존하며 드리는 기도는 내 미래뿐 아니라 하나님이 이루어 가실 역사의 미래도 준비하는 것임을 명심하십시오. 오늘의 작은 기도조차 소홀히 여기지 마십시오. 우리가 기도를 시작하는 순간 응답이 걸어옵니다.

시편 116편 1절에서 다윗은 "여호와께서 내 음성과 내 간구를 들으시므로 내가 그를 사랑하는도다"라고 고백합니다. 하나님은 완전하시고 동시에 사랑 그 자체이십니다. 고난의 때를 보내고 있다면 앞으로 펼쳐질 하나님의 일을 기대해야 합니다. 이것은 하나님을 전심으로 의존하며 기도할 때, 통곡하며 간절히 기도할 때 가능합니다. 우리가 기도할 때 하나님의 감추어졌던 계획이 시작되기 때문입니다. 기도할 때 우리는 하나님의 일하심을 느낄 수 있습니다. 평강이 찾아오고 아픔과 상처가 치유됩니다. 그때야 비로소 하나님은 감추었던 계획을 하나씩 펼치시며 고난 뒤에 자라난 열매를 맛보게 하십니다. 이것이 바로 완전하신 하나님의 계획 안에 있는 크고 놀라운 사랑입니다.

1. 혹시 통곡하며 기도한 경험이 있나요? 소리쳐 울며 기도했던 경험이 있다면 그 이유가 무엇이었는지, 그리고 나와 나를 둘러싼 환경에 어떤 기도의 결과가 일어났는지 이야기 나누어 보겠습니다.

🙏 통곡하며 기도한다는 것은 전능하신 하나님을 전적으로 의지하며 내 속의 모든 것을 쏟아 내는 것입니다. 한나처럼 남들이 가진 것을 갖지 못한 서러움이 있나요? 그녀에게 브닌나의 괴롭힘이 있었던 것처럼 사람의 말로 상처받고 있나요? 내 열등감과 상처는 어떤 것인가요? 가슴에 맺힌 울분으로 하나님께 부르짖었던 한나처럼 이 시간 함께 각자의 아픔을 놓고 기도합시다. 내 힘으로 이겨 낼 수 없는 절망과 열등감, 그리고 상처는 복음이 역사할 때 반드시 치유될 줄 믿습니다. 하나님을 전적으로 의존할 때 복음의 능력이 나를 통치하고, 내 상한 마음이 평강으로 바뀔 것입니다.

2. 사람의 말 때문에 힘들었던 경험이 있을 것입니다. 왜 그렇게 마음이 힘들었나요? 각자의 경험을 간단히 나누어 봅시다. 그리고 믿음의 길을 걷는 사람으로서 사람의 말에 지배받지 않는 방법을 생각해 봅시다.

🙏 사람의 말을 묵상하면 상처와 분노는 더 깊어집니다. 그래서 하나님은 사람의 말이 아니라 하나님의 말씀을 묵상하

는 자가 복이 있다고 하셨습니다. 사람의 말이 준 상처가 여전히 우리 삶을 힘들게 하고 있지는 않습니까? 사람의 말이 아니라 하나님의 말씀이 나를 사로잡고 통치하게 해 달라고 기도합시다. 하나님의 말씀은 죄와 사망에서 우리를 건져 내는 능력이 있습니다. 사람들이 말로 평가하고 정의 내리는 내 모습이 아니라, "너는 내 아들이라 오늘 내가 너를 낳았도다"(시 2:7)라고 말씀하시며 은혜 베푸시고 나를 세우시는 주님을 바라보기 바랍니다. 하나님은 기도하는 우리를 업어 주고 안아 주실 것입니다.

3. 고난을 겪으면서 그것이 하나님의 계획 속에 있음을 알게 된 적이 있습니까? 일이 잘 풀리지 않을 때, 사방이 막혀 있는 것처럼 느껴질 때, 어떻게 하면 그것이 하나님의 감추어진 계획이자 축복이라고 고백할 수 있을까요?

🙏 우리는 살면서 고통과 어려움의 자리에 처할 때가 생깁니다. 그럴 때 믿음의 자리에 있게 해 달라고 기도합시다. 믿

음의 자리에서 기도하면 하나님의 감추어진 계획이 열리고 보입니다. 마치 한나가 사무엘과 같은 아기를 낳기 위해 준비의 시간이 필요했던 것처럼, 우리에게도 지금의 고통이 준비임을 알게 될 것입니다. 고난이 닥쳐올 때 기도로, 무릎으로 살겠다고 결단하십시오. 우리가 드리는 오늘의 기도가 하나님이 열어 주실 미래와 연결되어 있음을 믿으십시오. 주실 열매를 기대하며 평강으로 일어서게 해 달라고 함께 기도하겠습니다.

주님, 완전하신 사랑을 신뢰합니다. 한나가 겪은 서러움과 말의 상처도 주님의 감춰진 계획 안에서는 열매와 축복을 기다리는 평강이 될 줄 믿습니다. 기도의 자리에서 떠나지 않는 사람이 되겠습니다. 사람에게 분노해서 아픔을 전염시키는 것이 아니라, 하나님께 탄식하며 쏟아 내게 하옵소서. 우리의 연약함을 만지시는 복음의 능력 아래 살게 하여 주옵소서. 아픔과 상처가 주님께 더 가까이 가는 계기가 됨을 믿는 믿음을 주옵소서. 기도하는 자를 품에 안으시는 주님, 평강과 소망을 주시는 주님을 찬양합니다. 예수 그리스도의 이름으로 기도합니다. 아멘.

내가 환난 중에서 여호와께 아뢰며 나의 하나님께 부르짖었더니
그가 그의 성전에서 내 소리를 들으심이여
그의 앞에서 나의 부르짖음이 그의 귀에 들렸도다

시 18:6

Call on Him

제4과

여호수아의 기도

멈추어 주를 부르라

광야는 선택받은 백성이 40년을 방황하면서 오직 하나님의 돌봄을 받은 장소입니다. 하나님의 계획은 그들이 그곳에서 하나님을 사랑하는 법을 배우고, 훗날 그 시간을 오직 하나님하고만 보냈던 가장 행복한 때로 기억하게 하시려는 것이었습니다.[15]

자신만만했던 여호수아는 패배를 통해 하나님 앞에 옷을 찢고 나아갑니다. 기도의 광야로 말입니다. 놀랍게도 하나님만 찾아야 살 수 있는 그 기도의 광야는 실패를 뒤집기에 충분했습니다.

현대 사회는 인간을 산만하게 만듭니다. 인간은 이런 산만함과 분주함을 은근히 즐기기도 합니다. 문제는, 분주함 때문에 그리스도인에게 가장 중요한 '기도'를 놓친다는 것입니다. 요즘 내 기도 생활은 어떻습니까?

바쁜 일상 중에 기도하기란 쉽지 않습니다. 많은 것이 우리의 몸과 마음을 빼앗아 갑니다. 그렇다고 그리스도인이 기도 없이 살아가는 것은 불가능합니다. 기도를 가끔 하느냐, 늘 하느냐의 차이일 뿐이지 우리는 모두 늘 기도하는 중입니다. 하지만 기도의 시간이 늘어나고 더 깊어질 때 세상에서 겪는 다양한 아픔과 문제를 의미 있게 바꾸어 나갈 수 있습니다. 따라서 분주함과 산만함 속에서도 기도의 시간을 반드시 확보해야 합니다.

우리는 모두 실패의 경험이 있습니다. 실패는 그것이 작든 크든 수치심과 절망을 동반합니다. 그러나 신앙의 눈으로 볼 때 그것은 전혀 다른 메시지를 담습니다. 그리스도인에게 실패는 인생의 좌절이 아닙니다. 부끄러운 것도 아닙니다. 실패했다는 것은 내가 가던 길과 하던 일을 멈추고 기도해야 할 때가 왔다는 것입니다. 기도는 멈춤입니다. 멈춰서 기도할 때 하나님이 이루실 큰 계획을 묵상할 수 있습니다. 실패를 소망과 준비의 시간으로 가꿉시다. 우리는 일상의 산만함과 분주함 속에서도 멈추어야 합니다. 그리고 주님께 귀를 기울여야 합니다. 마르틴 루터(Martin Luther)는 규칙적인 훈련으로 기도를 몸에 배게 하라고 조언했습니다.[16] 이 훈련이 우리 안에 자리 잡혀야 합니다. 루터는 '조금만 있다 하자, 나중에 하자'는 그럴싸한 거짓말에 속아 넘어가지 않도록 조심하라 권합니다. 왜냐하면 그리스도인은 기도하라는 명령을 받았기 때문입니다.[17]

■■■■ 주의 이름을 부를 때 승리가 시작됩니다

1. 여호수아는 모세의 뒤를 이어 이스라엘 백성을 이끌고 가나안 땅으로 들어갑니다. 여호수아가 아이 성을 점령하려고 시도했을 때 결과는 어

땠습니까? 그리고 그 이유는 무엇인가요? 여호수아 7장 1-5절을 읽어 봅시다.

하나님이 주겠다 약속하신 가나안 땅에 진입해 여리고 성을 점령한 이스라엘은 아이 성으로 진격합니다. 이미 여리고 성에서 하나님의 능력을 경험한 이스라엘은 막힐 것 없어 보였습니다. 여호수아는 정탐꾼을 통해 아이 성의 상황을 전해 듣습니다. 적진의 숫자는 적어 보였고 손쉽게 승리할 것이라 예상했습니다. 하지만 정탐꾼의 말을 듣고 출격한 여호수아의 군대는 쓰디쓴 패배를 맛봅니다. 여호수아 7장 1절에 보면 이유가 분명히 나옵니다. 하나님은 전리품을 취하지 말라 명하셨습니다. 그러나 이것을 어긴 사람이 있었고, 이에 하나님이 진노하셨습니다.

2. 아이 성에서 패배한 여호수아는 어떻게 했습니까? 진영을 재정비하고 작전을 새로 짰을까요? 여호수아 7장 6절을 읽어 봅시다.

여호수아는 멈췄습니다. 하나님의 음성 대신 사람의 말을 듣고 행하던 모든 걸음을 멈춘 것입니다. 그리고 여호수아는 옷을 찢고

여호와의 궤 앞에 저녁때까지 엎드렸습니다. 이스라엘의 장로들도 여호수아를 따라 모든 것을 멈추고 머리에 티끌을 뒤집어썼습니다. 이것은 무엇을 의미할까요? 돌이킨다는 것입니다. 이는 하나님 앞에서 우리의 벌거벗음과 기꺼이 모든 것을 버리고 그분을 따르고자 하는 우리의 자세를 상징합니다.[18] 실패나 패배의 순간에 우리는 멈춰야 합니다. 인생이라는 긴 여정에서 하나님께 귀 기울이는 멈춤의 기도가 꼭 필요합니다. 다시 시작하기 전에 멈추어 기도하는 것을 배워야 합니다.

3. 여호수아 7장 7-9절에서, 여호수아가 기도한 내용은 무엇인가요?

여호수아의 기도 내용은 아주 간단합니다. 풀어 보면 "하나님 힘듭니다! 우리를 망하게 하시려는 것입니까? 요단강의 기적까지 보여 주신 하나님이 이제는 우리를 아모리 사람 손에 넘겨 멸망시키려 하십니까?"라고 호소하는 것입니다. 여호수아는 목 놓아 울며 기도합니다. 그리고 이 짧은 기도가 패배를 승리로 바꾸는 역전의 발판이 됩니다.

여호수아의 기도에서 한 가지 주목해야 할 단어가 있습니다. 7절에서 "주 여호와여"와 8절에서 "주여"입니다. 그는 주님의 이름을 부를 뿐입니다. 그의 기도는 부르짖음이었습니다. 이것은 성공할 때 찾는 주님이 아니라, 실패하고 병든 날 부르는 주님입니다. 우리는 실패를 통하여 간절한 기도를 배웁니다. 패배한 곳, 내 힘으로 해결할 수 없는 곳에서 멈추어 "주여!"라고 주님의 이름을 부르며 기도해야 합니다. 자녀인 우리가 주님의 이름을 부르며 기도로 달려간다면, 아버지이신 하나님도 기도하는 자를 돕기 위해 달려오실 것입니다. 주님의 이름을 부를 때 승리는 이미 우리의 것입니다.

4. 누가복음 23장 39-41절은 예수님이 십자가에 달리실 때 양옆에서 함께 처형당하던 두 강도, 즉 행악자의 이야기입니다. 이 두 사람의 태도가 어떻게 다른지 살펴보겠습니다.

강도 한 사람은 예수님을 비방합니다. 당신이 구원자라면 지금 우리를 구원하여 보라고 조롱합니다. 반면에 다른 한 사람은 비방하던 행악자를 꾸짖습니다. 우리는 죗값을 마땅히 받는 것이지만 예수님은 아무 죄가 없으시다고 변호합니다. 두 강도는 모두 인생의 실패자입니다. 그러나 자신의 실패를 인정하며 죄를 뉘우치고 예수님을 선하신 분으로 인정한 자에게는 역전의 기회가 찾아옵니다. 실패를 인정하며 예수님을 바라볼 때 반드시 승리의 여명이 밝

아옵니다. 실패가 실패로 끝나지 않습니다.

5. 누가복음 23장 42-43절에서, 예수님을 비방하던 자를 꾸짖으며 자신
의 죄를 고백한 강도는 이어서 어떤 말을 합니까?

죄를 고백한 강도는 "예수여"라면서 주님의 이름을 부릅니다.
이 한마디로 놀라운 변화가 시작됩니다. "당신의 나라에 임하실 때
에 나를 기억하소서"라고 한 강도의 부탁이 "오늘 네가 나와 함께
낙원에 있으리라"고 하신 주님의 말씀과 함께 현실이 되었습니다.
주님은 패배자로 끝날 이 사람의 인생을 승리로 바꿔 주셨습니다.
그의 삶에 역전의 기회가 왔습니다. 시작은 "예수여"라는 한마디
였습니다. "누구든지 주의 이름을 부르는 자는 구원을 받으리라"(롬
10:13)는 말씀이 현실이 되었습니다.

한 여행자가 숲에서 길을 잃었습니다. 날은 어두워지고 도처에
위험이 도사리고 있었습니다. 그 순간 '번쩍' 하고 번개가 쳤습니
다. 그때 미련한 자는 두려운 번갯불을 볼 뿐이지만 지혜로운 자는
번갯불이 비추어 준 자기 앞의 길을 바라봅니다.[19] 예수님과 십자가
에 달린 날, 한 강도는 자기와 함께 죽는 사람을 보았지만, 다른 강
도는 자기 삶에 길이 되어 주실 주님을 본 것입니다. 우리가 실패하

는 날 주님의 이름을 부를 때 주님은 길이 되어 주십니다.

━━ 승리 전에 말씀을 주십니다

6. 여호수아가 아이 성 전투에서 패배한 이유는 무엇입니까? 다시 승리하
려면 어떻게 해야 합니까? 여호수아 7장 10-13절을 읽어 봅시다.

───────────────────────────────

간절히 부르짖는 여호수아에게 하나님이 일어나라고 말씀하십
니다. 실패의 원인은 언약을 어기며 전리품을 빼돌렸기 때문이며,
그 물건을 찾아내 없애기 전에는 실패를 극복할 수 없다고 말씀하
십니다. 여호수아는 지파별 제비뽑기를 통해 아간이라는 사람을 가
려냅니다. 그가 숨겼던 전리품을 모조리 불태우고 그와 가족 모두
를 돌로 쳐서 심판합니다. 하나님은 죄를 반드시 심판하십니다. 그
후에 진노를 거두시고 역전승의 때를 준비하십니다.

7. 여호수아 7장 2-3절과 8장 1-2절을 읽어 보세요. 아이 성을 치러 가
려고 하는 두 본문을 비교해 볼 때 명백히 다른 점은 무엇입니까?

───────────────────────────────

처음에 여호수아는 정탐꾼의 말만 듣고 쉬울 거라 여기며 아이 성을 치러 갔다가 쓰라린 실패를 경험합니다. 그러나 여호수아는 기도 후에 하나님의 말씀대로 움직이기 시작합니다. 두려워 말고 군사를 총동원하여 아이 성으로 진격하라는 하나님의 명령대로 행동합니다. 그러자 아이 성은 여호수아의 군대 앞에서 초토화되었습니다. 여호수아는 기도했고 하나님의 말씀대로 실행하여 처음의 실패를 뒤집어 역전승합니다.

역전승의 시작은 멈춤이었습니다. 기도였습니다. 부르짖음이었습니다. 그러나 역전의 승리를 주시기 전에 하나님이 먼저 '말씀'을 주셨다는 것을 놓쳐서는 안 됩니다. 하나님은 여호수아에게 아이 성으로 가라고 명령하시면서 "내가 아이 왕과 그의 백성과 그의 성읍과 그의 땅을 다 네 손에 넘겨 주었"(수 8:1)다고 말씀하셨습니다. 전쟁을 시작하기도 전에 승리를 선언하셨습니다. 실제 승리가 있기 전에 말씀이 먼저 온다는 뜻입니다. 기도하면 말씀이 오고 말씀을 따라가면 승리를 취하고 누리게 됩니다.

8. 마가복음 5장 35절과 39절을 찾아서 읽어 봅시다. 회당장 야이로의 딸은 어떤 상태였나요? 예수님은 그 상태를 무엇이라고 말씀하시나요? 이어서 요한복음 11장 39절과 43-44절도 찾아봅시다. 나사로는 어떤 상태인가요? 예수님은 그에게 뭐라고 말씀하시나요?

야이로의 딸도, 나사로도 의학적으로 죽은 상태였습니다. 그러나 주님은 야이로의 딸에게 "잔다"고 말씀하시며 일어날 것이라고 하십니다. 그리고 말씀이 임하여 그대로 되었습니다. 말씀은 능력이기 때문입니다. 나사로에게도 주님은 "나오라"고 하시며 그를 부르셨습니다. 죽은 자의 썩은 냄새가 났지만, 죽음보다 더 크신 이가 말씀하시니 그는 무덤 밖으로 걸어 나옵니다. 성경을 보면 어떤 역사가 일어나기 전에 말씀이 먼저 선포된다는 것을 알 수 있습니다. 빛이 있으라고 말씀하시면 빛이 옵니다. 여리고 문이 아무리 굳게 닫혀 있어도 하나님이 여리고로 가라고 말씀하시면 가면 됩니다. 회당장 야이로와 나사로의 가족이 그랬던 것처럼, 우리 모든 가정이 주님을 찾기 바랍니다. 그럴 때 주님의 말씀이 임하여 승리를 누리게 될 것입니다.

━━━ 자신과 싸우는 사람은 평생의 승리를 배웁니다

9. 여호수아 23장은 그의 고별 설교입니다. 그중 6-11절을 읽어 봅시다. 6절에 "우로나 좌로나 치우치지 말라"는 말씀의 의미는 무엇일까요?

우리는 죄 때문에 우로나 좌로 넘어질 수 있습니다. 동시에 주님의 말씀을 따라갈 수도 있습니다. 주님을 잊고 넘어지면 내 마음에 사사시대가 오고, 주님을 찾고 말씀 따라 살아가면 영적인 부흥의 시대가 옵니다. 승리는 자신과의 싸움입니다. 결국, 여호수아의 삶을 돌아볼 때 그의 이야기는 두 가지 정복 이야기가 됩니다. 첫째는 가나안을 정복한 이야기이며, 둘째는 여호수아가 자신을 정복한 이야기입니다. 역전의 승리를 누리려면, 세상에서의 영적 전쟁만이 아니라 하나님의 말씀에 불순종하려는 자신과의 싸움에서 이겨야 합니다. 내 안의 죄와 싸우기 위해 멈추십시오. 기도의 시간을 갖고 주님의 말씀을 들으려고 해 보십시오. 그러면 우로나 좌로나 치우치지 않고 오늘 하루의 승리와 역전의 승리를 누릴 수 있습니다. 죄와 싸워 오늘 하루를 승리로 만들어 나가고 있다면, 여호수아와 같은 평생의 승리를 취할 준비가 된 것입니다.

아이 성 전투의 실패는 우리에게 두 가지 교훈을 줍니다. 첫째, 우리에게 실패는 끝이 아니라는 것입니다. 실패는 멈추라는 하나님의 신호입니다. 여호수아는 아이 성 전투에서 실패했을 때 모든 것을 멈춘 채 주님의 이름을 부르며 기도했습니다. 그런 그에게 하나님의 말씀이 임했고, 그 말씀대로 나아가자 역전승을 거둡니다. 둘째, 하나님의 말씀에 순종하는 것이 승리의 원동력입니다. 처음 여호수아가 사람의 말을 따를 때 아이 성 전투는 실패의 길이었습니다. 그러나 하나님의 말씀을 따라 달려간 곳은 이미 승리가 약속된 곳이었습니다. 우리 안의 죄성은 세상의 소리를 따르게 합니다. 그리고 실패하게 합니다. 그러나 우리가 하나님 말씀을 믿고 순종하려고 할 때 매일의 승리를 쌓아 나갈 수 있으며 평생의 승리를 취할 수 있습니다.

1. 누구나 실패를 경험합니다. 그러나 역전승을 거두었다는 이야기는 흔치 않습니다. 실패했을 때 그게 전부이고 끝이라고 생각하기 때문입니다. 실패의 경험과 그 이후의 모습을 함께 나눠 봅시다.

🙏 지금 무엇인가에 실패한 것 같습니까? 패배자가 된 것 같습니까? 멈추고 기도할 때입니다. 실패했을 때가 진정한 기도를 배울 기회입니다. '주여!'라고 부르짖으십시오. 주의 이름을 부르는 자는 구원을 얻는다고 말씀하셨습니다. 그리스도인에게 실패는 역전의 기회입니다. 주의 이름을 부를 때 우리 주님은 절망을 소망으로 바꾸십니다. 아이 성의 패배에서 여호수아가 무릎 꿇고 부르짖었던 것처럼, '주 여호와여!'라고 부르짖으며 기도하십시오. '주여! 너무 힘듭니다, 괴롭습니다!'라고 외치십시오. 이 짧은 부르짖음과 외침이 우리를 역전의 길로 인도하실 것입니다.

2. 살다 보면 우리는 수많은 문제와 마주합니다. 우리 힘으로 해결할 수 없는 문제도 있습니다. 그럴 때 당신은 누구를 찾아가 조언을 구합니까? 누구의 말을 가장 신뢰합니까? 그 분야의 전문가인가요, 나의 멘토인가요, 가족인가요?

🙏 그리스도인은 문제 앞에서 기도하는 습관을 들여야 합니다. 힘들 때, 풀 수 없는 문제가 닥쳤을 때 멈추어 기도할 수 있어야 합니다. 여기저기 기웃거릴 것 없습니다. 하나님께 머물 수 있는 믿음을 가져야 합니다. 왜냐하면 하나님이 우리에게 꼭 필요한 '말씀'으로 응답하시기 때문입니다. 루터는 방대한 독서와 연구보다 한 번 기도에서 더 많은 가르침을 얻는 경우가 허다했다고 고백합니다. 그러면서 성령님의 깨우쳐 주심에 귀 기울일 것을 권합니다.[20] 말씀 따라 움직이며 승리를 미리 경험하는 인생이 되어야 합니다. 특별히 우리 가정이 문제 앞에서 낙심하는 것이 아니라, 오히려 더 기도함으로 말씀으로 응답받고 승리의 삶을 누릴 수 있도록 함께 기도합시다.

3. 주님이 주시는 승리를 한 번 경험했다고 만족하면 안 됩니다. 또다시 치우치고 넘어질 수 있는 것이 바로 우리의 적나라한 모습이기 때문입니다. 세상과의 싸움보다 더 힘든 것이 나 자신과의 싸움입니다. 세상의 유혹보다 더 무서운 것이 나의 죄성입니다. 지금 자신의 죄성과 싸우기 위해 어떤 방법을 취하고 있나요? 어떤 훈련을 하고 있나요?

🙏　가나안과의 싸움뿐 아니라 나와의 싸움에서 승리할 수 있도록 기도합시다. 평생 승리를 누리는 방법은 자신과의 싸움에서 매일 승리하는 것입니다. 나의 죄성이 자라나지 않도록 기도하십시오. 하나님의 말씀을 따라 순종하는 믿음이 더해지도록 기도하겠습니다.

주님, 실패에 좌절하지 않고 주님 앞에 멈추어 무릎 꿇고 기도
할 수 있는 믿음을 주옵소서. 실패 뒤에 기다리는 역전의 승리를 바
라보며 기도하는 사람이 되게 하옵소서. 세상의 소리가 아니라 말
씀을 좇아가는 순종의 마음을 주시고, 내 안의 죄에 붙들려 우로나
좌로나 치우치지 않는 기도의 사람이 되게 하옵소서. 단 한 번의 승
리로 만족하지 않고, 매일 자신과의 싸움에서 승리를 누리게 하옵
소서. 평생의 승리를 준비해 나가는 믿음의 사람이 되겠습니다. 예
수 그리스도의 이름으로 기도합니다. 아멘.

누구든지 여호와의 이름을 부르는 자는 구원을 얻으리니
이는 나 여호와의 말대로 시온 산과 예루살렘에서
피할 자가 있을 것임이요 남은 자 중에
나 여호와의 부름을 받을 자가 있을 것임이니라

욜 2:32

제5과

슬로브핫의 딸들의 기도

믿음으로 나아가라

마지막 때가 오면 역사는 막을 내리고 성대한 잔치가 열릴
것입니다. 하지만 그리스도인은 지금도 예수님과 함께 먹
고 마실 수 있습니다. 기도를 통해서입니다.[21]
슬로브핫의 딸들은 광야에서 모세를 통해 하나님께 기도
를 드렸고 그 응답을 하늘 양식으로 삼았습니다. 그리하여
자신들의 이야기를 하나님이 펼쳐 가시는 그분의 이야기
가 되도록 써 내려갔습니다.

하나님께 왜 기도합니까? 하나님이 응답하실 것이라는 확신으로 기도하고 있나요? 하나님은 세상의 수많은 사람 중에서 유독 나같이 보잘것없는 자의 기도도 듣고 기억하며 응답하신다고 믿습니까?

우리는 인생을 걸으며 마주하는 수많은 문제를 끌어안고 기도의 자리로 나아갑니다. 세상을 창조하시고 운행하시는 전능하신 하나님께 도움을 구하기 위함입니다. 기도는 단지 자신을 성찰하기 위해 하는 것이 아닙니다. 주문을 외우는 것도 아닙니다. 살아계신 하나님이 응답하실 것이라는 확신으로 아뢰는 것입니다. 능력의 주님이 내 마음과 정성을 받으시고 도우실 것이라는 믿음으로 부르짖는 것입니다. 그러므로 기도에는 세상 모든 사람 중에서도 나를 기억하시고 나의 기도에 응답하실 것이라는 믿음이 담겨 있습니다.

우리가 무언가를 구할 때는 들어줄 만한 이에게 합니다. 살려달라고 구하는 것은 살릴 만한 능력이 있는 존재에게 해야 합니다. 하나님께 기도하는 이유는 그분을 신뢰하고 믿기 때문입니다. 하나님이 나를 사랑하신다는 믿음에서 기도는 태어납니다.

━━━ 미리 행함으로 나아가는 믿음이 있습니까

1. 민수기 27장 1-4절에서, 모세를 찾아온 이들은 누구입니까? 그리고
그들이 요구하는 것은 무엇인가요?

민수기에는 뜻밖의 인물이 등장합니다. 슬로브핫의 딸들입니다. 말라, 노아, 호글라, 밀가, 디르사입니다. 다섯 명의 여인은 모세와 온 회중 앞에서 무언가를 하소연하려고 나왔습니다. 이들은 출애굽 2세대입니다. 이들의 아버지 슬로브핫은 광야에서 반역을 일으켰던 고라의 무리에 속하지 않은 사람입니다. 단지 자신의 죄 때문에 죽었습니다. 아들은 없었고, 딸만 다섯을 남긴 채였습니다. 그런데 이 다섯 딸이 모세에게 나와 가나안 땅에서 분배될 땅을 자신들에게도 달라고 합니다. 당시 아버지의 기업은 아들이 상속받는 것이 일반적인 문화였습니다.[22] 아들이 없으면 아버지의 형제들에게, 형제가 없으면 가장 가까운 친족에게 넘어갔습니다. 그런데 이 다섯 자매는 그들의 기업을 모세에게 요구합니다.

2. 슬로브핫의 딸들을 비롯해 이스라엘 백성은 아직 광야에 있습니다. 가나안을 정복하기도 전에 자신들이 소유하게 될 기업을 모세에게 묻고 요청하는 장면이 민수기에 기록된 이유가 무엇일지 생각해 봅시다.

슬로브핫의 딸들은 약속의 땅, 가나안에 들어가지 못한 상태입니다. 그런데도 그들은 앞으로 받게 될 아버지의 유산을 받을 수 있는지 묻습니다. 이유는 분명합니다. 하나님이 약속하신 땅에 반드시 들어갈 것이라는 '믿음'이 있었기 때문입니다. 이제 곧 가나안에 들어가기 위한 전쟁이 시작됩니다. 그러면 땅의 분배가 이루어집니다. 즉 민수기는 슬로브핫의 다섯 딸이 땅에 대한 권리를 요구하는 장면을 통해 그들이 얼마나 하나님의 약속을 확고하게 믿고 있는지를 보여 주는 것입니다.[23] 앞으로 하나님이 행하실 일들을 믿는 그들의 믿음을 본받으라는 것입니다.

3. 야고보서 2장 25절을 읽어 봅시다. 라합이 행함으로 의롭다 함을 받은
   이유는 무엇인가요?

___

여호수아 2장에는 라합의 이야기가 나옵니다. 라합은 추격당하던 이스라엘의 정탐꾼을 살려 주면서, 이스라엘의 군대가 여리고에 들어올 때 자기 가족을 살려 달라고 부탁합니다. 이 이야기 역시 슬로브핫의 딸들의 이야기와 같은 의미가 있습니다. 라합은 아직 들어오지도 않은 여호와 하나님의 군대를 두려워하고 있습니다. 홍해를 가르신 만군의 여호와께서 분명히 이 땅을 차지하실 것이라는 믿음이 라합에게 있었던 것입니다. 그리고 이 믿음은 정탐꾼을 지켜주는 행함으로 이어졌습니다. 우리에게도 하나님을 신뢰하는 믿음과 미리 행함으로 나아가는 신앙이 필요합니다.[24]

___

하나님은 한 사람의 기도에 귀를 기울이십니다

4. 모세가 슬로브핫의 딸들의 문제를 듣고 취한 행동은 무엇이었습니까?
   그 결과는 어땠는지 민수기 27장 5-7절을 함께 읽어 봅시다.

___

모세는 이 여인들의 질문을 듣고 하나님께 나아가 답을 구합니다. 비록 작은 여인들의 간구였지만, 모세는 그 문제를 들고 직접 하나님께 나아가 아룁니다. 사실, 슬로브핫의 딸들은 하나님의 답을 듣고자 모세를 찾아간 것입니다. 그리고 하나님은 응답하십니다. 그들에게 아버지의 기업이 돌아가도록 새로운 규례를 주십니다. 아들이 없으면 딸들에게 유산이 돌아가도록 새 법규를 만드신 것입니다. 하나님은 그 사람의 높고 낮음과 상관 없이 문제를 갖고 나오는 한 영혼 한 영혼을 귀히 여기며 답을 주십니다. 백성을 위한 새 법규를 제정하시기까지 합니다. 이것을 알려 주시기 위해 200만 명이 넘는 이스라엘 백성의 행진 가운데 슬로브핫 여인들을 민수기에서 줌인(Zoom in)하여 보여 주셨습니다. 남자들 중심의 족보 기록이 일반적이었던 시대에 딸들이 성경에 등장하는 것은 특별합니다. 역대상 1-9장의 방대한 족보에 언급된 몇 안 되는 여인 중 하나가 이들이었다는 것 역시 그렇습니다.[25]

5. 열왕기하 1장 1-4절을 읽어 봅시다. 아하시야 왕은 무엇을 잘못한 걸까요?

북이스라엘의 아합 왕이 죽은 후 아하시야가 왕위에 오릅니다.

그런데 아하시야 왕이 사마리아에 있는 그의 다락방 난간에서 떨어져 크게 다칩니다. 그는 자신의 병세에 대해 에그론의 신 바알세붑에게 묻습니다. 여호와 하나님이 아니라 가나안의 우상에게 찾아갔습니다. 아하시야 왕이 영적으로 죽어 있다는 것을 바로 보여 주는 모습입니다. 영이 깨어 있다면 다른 그 어떤 것을 찾지 않고 하나님께 나아갔어야 합니다. 심지어 그의 생명과도 직결된 병세에 대해 우상을 찾아가 묻는다는 것은 당시 이스라엘의 믿음이 어떤 상태인지 또렷이 보여 줍니다.

살아 있는 믿음이 있는 자는 문제가 닥쳤을 때 슬로브핫의 딸들처럼 주님 앞에 담대히 나아갑니다. 성경이 기록하고 있는 아하시야 왕과 슬로브핫의 딸들의 이야기는 지금 우리에게 묻습니다. '당신은 문제와 위기가 올 때 제일 먼저 누구를 찾습니까? 아무리 부족하고 초라한 자라도 하나님께 나아갈 수 있음을 믿습니까? 별것 아닌 것 같은 사소한 문제라 할지라도 하나님께 아뢰면 반드시 답을 주실 것이라는 확신이 있습니까?' 우리는 하나님의 자녀입니다. 아버지라면 자녀의 목소리에 귀를 기울이듯, 하나님 아버지 역시 우리의 목소리에 귀를 기울이신다는 사실을 잊지 마시기 바랍니다.

6. 민수기 36장 1-9절을 읽어 봅시다. 슬로브핫의 딸들이 속한 므낫세 지
   파의 지도자들은 무엇을 염려합니까? 그리고 여호와께서 주신 해답은
   무엇인가요?

———————————————————————————————————————

　　여호와께서 주신 새로운 규례에 따라 슬로브핫의 딸들이 기업
으로 땅을 받을 수 있게 되었습니다. 하지만 만약 이 딸들이 다른
지파 사람과 결혼하면 기업이 남편의 지파로 넘어갑니다. 하나님께
받은 기업을 잃어버리게 되는 것이지요. 하나님이 주신 해법은 간
단합니다. 슬로브핫의 딸들은 자신이 속한 지파 내에서만 결혼하면
됩니다. 그러면 땅을 지킬 수 있습니다.

　　여기서 주목할 만한 점은 민수기의 마지막 장의 결론이 슬로브
핫의 딸들의 이야기로 마무리된다는 것입니다. 모세 오경의 마지막
은 각 권이 하나같이 장엄합니다. 그런데 민수기만큼은 용두사미로
끝나는 듯한 인상을 줍니다.

　　민수기의 마지막이 주는 메시지는 분명한 것 같습니다. 한 가정
의 이야기인 슬로브핫의 딸들의 기업에 관해 기록함으로, 한 사람
과 한 가정을 돌보시는 분이 바로 우리가 믿는 하나님이라는 것을
알려 줍니다. 온 우주를 다스리시는 하나님은 새 한 마리, 들풀 하

나도 귀히 여기십니다. 출애굽한 백성 200여만 명을 인도하고 계시지만 각 사람을 기억하시고 그 기도에 응답하시는 하나님을 보여 주는 것입니다. 민수기는 한 사람을 사랑하시는 하나님이라는 작지만 큰 결론을 보여 줍니다. 이는 장엄하지는 않지만 하나님의 선하심을 드러내는 클라이맥스임이 분명합니다. 일어나서 하나님께 박수를 쳐 드리고 싶습니다.

모세 오경의 첫 장과 마지막 장	
창세기 1장과 50장	하나님의 창조와 요셉의 죽음
출애굽기 1장과 40장	고난의 시작과 성막에 임한 하나님의 영광
레위기 1장과 27장	하나님께 드리는 제사와 서원
민수기 1장과 36장	지파별 계수와 슬로브핫의 딸들
신명기 1장과 34장	모세의 설교와 모세의 죽음

7. 민수기 36장 10-12절에서, 하나님이 주신 해법에 대한 슬로브핫의
   딸들의 반응은 어땠습니까?

슬로브핫의 딸들은 여호와께서 모세에게 명령하신 그대로 행했습니다. 그들의 숙부의 아들들과 혼인함으로 기업을 보존했습니다.

이것은 '작은 순종'이라고 표현할 수 있습니다. 이렇듯 민수기는 37년이 넘는 방황을 다섯 여인의 작은 순종으로 마무리합니다. 민수기는 우리에게 하나의 질문을 남깁니다. '남은 인생을 어떻게 걸어가고 싶은가?' 인생은 둘로 나뉩니다. 마지막을 내 이야기로 끝내는 사람과, 주님께 묻고 순종하며 하나님의 이야기로 끝내는 사람입니다. 우리가 앞으로 나아가야 할 인생길은 주님께 묻고 순종하는 길이 되어야 합니다. 그러려면 기도해야 합니다. 기도하는 사람은 주님의 이야기로 인생을 살아가고 기록합니다. 단지 생존하기 위해 기도하는 자리에서 더 나아가 순종하기 위한 기도의 여정으로 들어가길 바랍니다.

믿음은 기도의 토대입니다. 기도는 나의 부르짖음에 응답하시고 문제를 해결하시는 하나님을 믿고 의지한다는 뜻입니다. 우리가 기도를 올려 드리는 분은 전능하신 하나님입니다. 하나님은 아무리 보잘것없는 사람도 일일이 관심을 두고 살피고 인도하십니다. 우리가 죄짓고 넘어져도 끝까지 포기하지 않으시며 우리를 사랑으로 붙드시는 분입니다. 그 크고 놀라운 능력과 사랑을 신뢰하며 기도할 때 우리는 하나님께 작은 순종의 열매를 드릴 수 있습니다. 그래서 나의 이야기가 아닌 하나님의 이야기를 써 내려가는 아름다운 인생을 살아갈 수 있습니다.

1. 지은 죄 때문에, 하나님 앞에서 부끄러운 모습 때문에 기도하지 못한 적이 있나요? 하나님이 과연 나처럼 보잘것없는 자의 기도를 들어주실지 의심해 본 적이 있었나요? 지난날 자기의 모습을 돌아보며 함께 나누어 봅시다.

우리가 죄로 넘어질 때 사탄은 속삭입니다. "하나님은 너 같은 자의 기도를 들으시지 않아!" 그러나 그것은 사탄의 속임수입니다. 절대로 넘어가서는 안 됩니다. 하나님은 우리를 붙드십니다. 우리가 멀리 달아나려 할 때도 잃은 양을 향한 심정으로 찾아오십니다. 그런 하나님은 우리가 다시 일어나 회개하기를 기다리시며, 그럴 때 가장 기뻐하십니다. 지은 죄를 회개합시다. 넘어졌다면 하나님의 손을 붙잡고 다시 일어나게 해 달라고 기도합시다. 내 부족함이 부끄러워 기도하지 못했던 모습, 바쁘다는 핑계로 기도를 소홀히 했던 모습을 회개하며, 다시 기도의 자리로 나가겠다고 결단하며 기도하겠습니다.

2. 지금 내 힘으로 감당할 수 없는 일은 무엇인가요? 하나님이 반드시 해결해 주실 것이라는 '믿음' 위에서 기도하고 있나요? 기도할 때 어느 정도의 확신으로 하나요? 함께 이야기 나누어 봅시다.

우리는 하나님께 기도합니다. 하나님은 전능하시며 내

인생을 책임지고 계신 분입니다. 나를 사랑하시는 분이며 내 삶이 더 나은 모습으로 회복되길 간절히 원하시는 분입니다. 내 힘으로 감당할 수 없는 문제가 있다면 마땅히 하나님께 기도해야 합니다. 형식적으로만 하는 것이 아니라 믿음 위에 서서 기도해야 합니다. 문제는 우리에게 믿음이 없다는 것입니다. 믿음을 위해서 함께 기도합시다. 주님은 전능하십니다. 나를 사랑하시는 분입니다. 이 믿음 위에 서서 기도할 수 있는 믿음을 달라고 기도하겠습니다.

3. 작은 기도, 초라했던 기도 제목이 하나님께 응답받았던 경험이 있다면 함께 나누어 봅시다. 특히, 그 응답이 나의 어떤 순종과 헌신과 결단을 필요로 하지는 않았나요?

🙏 기도하는 사람은 자기 삶이 하나님의 주권 안에 있음을 알게 됩니다. 기도하면 내 이야기가 하나님의 이야기임을 배웁니다. 욕심으로 가득했던 기도는 내려놓음과 비움으로 정리됩니다. 원망과 분노의 부르짖음은 감사와 평화의 마음으

로 바뀝니다. 우리의 기도가 내 문제만을 아뢰는 것뿐 아니라, 하나님의 계획과 인도하심에 순종하는 결단에 이를 수있게 해 달라고 기도합시다. 방황이 아니라 순종으로 나아갈 수 있게 해 달라고 기도합시다. 내 인생의 이야기가 아니라하나님의 이야기를 써 내려가는 삶을 살게 해 달라고 함께기도하겠습니다.

결단의 기도

주님, 우리가 기도할 때 그 기도를 받으시는 분이 누구신지 분명히 알고 기도하게 하옵소서. 하나님은 전능자이십니다. 우리의 아버지입니다. 우리 인생을 일일이 간섭하고 챙기시는 분입니다. 반드시 응답하시는 사랑의 하나님이라는 믿음 위에 서서 기도하겠습니다. 죄로 인해 넘어지거나 방황할 때도 하나님의 포기하지 않으시는 사랑을 믿고 기도하겠습니다. 기도를 통해 말씀하시는 그응답에 순종하며 나아가는 삶을 살게 하옵소서. 우리의 작은 순종이 하나님의 역사를 써 내려가는 일임을 믿고 따르겠습니다. 예수그리스도의 이름으로 기도합니다. 아멘.

그러나 하나님이 실로 들으셨음이여
내 기도 소리에 귀를 기울이셨도다 하나님을 찬송하리로다
그가 내 기도를 물리치지 아니하시고
그의 인자하심을 내게서 거두지도 아니하셨도다

시 66:19-20

제6과

여호사밧과 히스기야의 기도

세상을 이겨라

역병 속에서 환자를 돌보던 존 던은 "우리가 살아 있는 동
안 머리카락 하나까지 돌보시는 주님을 찬양하고 죽음 이
후에는 우리 유해의 마지막 한 줌까지 주님께 맡깁니다"
라고 기도했습니다.[26] 가장 큰 위협과 두려움 앞에서 '오직
주님만 바라봅니다'라는 기도는 갑자기 터져 나오지 않습
니다. 눈물의 기도를 연습한 자의 삶 속에서 터져 나옵니
다. 그 기도가 우리 가슴 속에 살아 있는 한 절망은 우리가
바라보는 주님 앞에서 소망의 문이 될 것입니다.

당신이 기도하는 이유는 무엇인가요? 어려운 일 때문이라는 단순한 이유 외에 기도하는 다양한 이유를 생각해 봅시다. 헨리 나우웬은 "기도하며 산다는 것은 내가 살던 방식과 삶의 자리에서 전혀 다른 삶의 거처로 들어선다는 의미"라고 말했습니다.[27]

우리는 기도를 단지 자신의 안위와 평강만을 위한 것으로 생각합니다. 물론 하나님의 도우심으로 하나님의 사랑을 체험하고 그분과 하나 됨을 경험합니다. 그러나 여기서 한 걸음 더 나아가야 합니다. 기도의 목표가 하나님 나라가 이 땅에 이루어지는 것에 있음을 기억해야 합니다. 전자가 사적인 영역이라면 후자는 공적인 영역에 해당합니다. 즉 '나'를 위해서 기도하는 것과 '하나님 나라'를 위한 중보기도가 함께 균형을 이루어야 한다는 것입니다. 진정한 기도의 사람은 지금까지 나만을 위해 살아왔던 것을 넘어서 하나님 나라의 사명을 감당할 수 있도록 기도해야 합니다. 이 둘의 균형을 갖고 기도하는 것이 중요합니다.[28]

예수님은 "너희가 내 안에 거하고 내 말이 너희 안에 거하면 무엇이든지 원하는 대로 구하라 그리하면 이루리라"(요 15:7)라고 말씀하셨습니다. 주님 안에 거하는 것이 무엇일까요? 내 마음대로 살지 않고 주님의 통치로 들어간다는 뜻입니다. 내 삶 전체가 하나님의 다스림 속에 들어가는 것입니다. 이것을 가능케 하는 것이 기도입니다. 기도는 하나님을 우리 집으로 삼는 가장 구체적인 방법입니다.[29] 우리는 기도하면 문제를 해결해 주시고 평안과 은혜를 주시는 하나님께 내 삶의 방향을 맞춰 살아가게 됩니다. 그러므로 기도에는 내가 과거에 살던 방식과 전혀 다른 방식으로 살겠다는 결단이 담겨 있습니다. 그래서 기도는 하나님의 통치라고 정의할 수 있습니다.

━━━ 연약한 자의 기도가 세상을 이깁니다

이스라엘 왕정 역사에 등장하는 두 왕의 이야기를 통해 기도하는 자의 마음가짐과 태도를 나눠 보고자 합니다. 남 유다의 여호사밧 왕과 히스기야 왕은 한 나라를 대표하는 최고의 권력자였습니다. 그 누구와 견주어도 아쉬울 것 없는 위치에 있었습니다. 그런데

도 그들은 위기 앞에서 가장 연약한 자의 모습으로 하나님께 엎드렸습니다. 그들의 기도에는 하나님의 통치 아래 자신의 권력과 지위를 모두 내려놓는 결단이 담겨 있습니다. 두 왕의 기도를 살펴봄으로 우리의 기도가 어떻게 바뀌어야 하는지 함께 나누도록 하겠습니다.

1. 역대하 20장 1-4절을 읽어 봅시다. 남 유다에서 어떤 일이 발생했나요? 그 상황에서 여호사밧 왕이 제일 먼저 취한 행동은 무엇인가요?

─────────────────────────────────────

솔로몬 왕을 마지막으로 이스라엘의 왕정 시대는 남과 북으로 갈라집니다. 남쪽은 유다, 북쪽은 이스라엘이라 불렀습니다. 여호사밧이 남 유다의 왕으로 있을 때였습니다. 모압과 암몬 자손, 마온 사람들이 결탁해 남 유다에게 싸움을 걸어왔습니다. 이 연합군은 사해 바다 동편을 통해 엔게디까지 올라와 남 유다를 위협했습니다. 이에 놀라 두려움에 빠진 여호사밧 왕은 그 즉시 기도를 드립니다. 그뿐만 아니라 모든 백성에게도 금식하며 기도하라고 명합니다. 그것 외에 어떤 조치도 하지 않았습니다.

2. 역대하 20장 5-6절에서, 여호사밧 왕은 기도를 통해서 여호와 하나님
   을 어떤 분으로 고백하고 있나요? 우리는 그의 기도 내용에서 하나님
   은 어떤 분임을 확인할 수 있나요?

　온 백성이 유다의 각 성읍에서 올라와 주님의 성전 새 뜰 앞에
모였습니다. 여호사밧 왕은 그 가운데 서서 기도하기 시작했습니
다. 첫 번째 고백의 핵심은, 주의 손에 권세와 능력이 있으니 능히
맞설 사람이 없다는 것입니다. 여호사밧은 한 나라의 왕이었습니
다. 그런데 그는 하나님을 최고의 자리로 높이고 동시에 자신은 한
없이 연약한 자라 고백합니다. 왕인데 아무것도 없는 사람처럼 기
도합니다. 그는 하나님은 어떤 분이시고 자신은 어떤 존재인지 분
명히 알기에 온 백성 앞에서 이런 고백의 기도를 올릴 수 있었습니
다. 하나님의 통치를 인정하며 자신을 낮추고 하나님을 높이는 것
이 바로 기도입니다. 성경에는 두 개의 실재가 있습니다. 그것은 고
난의 실재와 하나님의 실재입니다.[30] 믿음의 기도는 하나님의 실재
에 참여하는 행위입니다. 하나님을 의지하는 것은 이 믿음 때문입
니다.

3. 여호사밧 왕이 위기 앞에서 하나님께 자신 있게 간구하며 기도할 수
   있었던 이유는 무엇인가요? 역대하 20장 7-9절을 함께 읽어 보겠습
   니다.

여호사밧 왕은 하나님의 약속에 근거하여 기도합니다. 하나님
은 조상 대대로 약속하신 가나안 땅을 소유하게 하셨습니다. 또한
환난과 재난이 일어날 때 성전에서 부르짖으면 들어주실 것이라고
약속하셨습니다. 여호사밧 왕은 약속을 기억하며 기도하고 있는 것
입니다. 예수님도 "두세 사람이 내 이름으로 모인 곳에는 나도 그들
중에 있느니라"(마 18:20)라고 약속하셨습니다. 하나님이 주신 약속
의 말씀을 붙들고 나아가는 것이 기도입니다.

4. 역대하 20장 10-13절을 읽어 봅시다. 여호사밧 왕은 기도 중에 남 유
   다를 위협하는 세 민족의 과거를 회상합니다. 이때 그의 태도에 불평
   과 원망이 담겨 있나요? 여호사밧 왕이 마지막으로 고백하며 결단한
   것은 무엇입니까?

이스라엘 민족은 출애굽 과정에서 암몬과 모압과 세일 산(마온)

사람들과의 충돌을 피했습니다. 하나님이 그렇게 하라고 말씀하셨기 때문입니다(신 2:1-22). 하나님은 그들의 땅으로 들어가지 말라고 말씀하셨고, 이스라엘 백성은 그들과 싸우지도 않고 멸망시키지도 않았습니다. 바꿔 말하면, 하나님이 과거에 남겨 두신 그 민족들 때문에 지금 남 유다가 위기에 직면했다는 뜻입니다. 그런데 여호사밧 왕은 과거에 그렇게 하셨던 하나님을 원망하지 않습니다. 두려움 앞에서 하나님께 불평하는 것으로 끝내지 않습니다. 오히려 그는 "오직 주만 바라보나이다"라고 고백하며 결단합니다. 과거의 일도 하나님이 하셨기에 현재의 일도 하나님이 해결하실 것이라는 믿음 위에서 기도합니다. 이처럼 기도는 불평과 원망을 넘어서는 것이고, 작고 연약한 자의 모습으로 주님의 능력만을 의지하는 것입니다. 우리의 삶 속에서도 어려움을 만날 때 '오직 주만 바라봅니다'라는 기도가 살아 있기를 바랍니다.

━━━ 믿음의 기도가 세상을 이깁니다

5. 여호사밧 왕의 기도에 하나님이 응답하십니다. 여호와의 전 새 뜰에 모인 회중 가운데 레위 사람 야하시엘에게 하나님의 영이 임하여 그분의 말씀을 대언하기 시작합니다. 그 내용은 무엇인가요? 역대하 20장 14-19절을 읽어 봅시다.

성령의 감동으로 대언하기 시작한 야하시엘은 적들 때문에 두려워하거나 놀라지 말 것을 제일 먼저 당부합니다. 그리고 이 전쟁은 싸울 필요가 없는 전쟁임을 알려 줍니다. 왜냐하면 전쟁은 하나님께 속한 것이기 때문입니다. 그냥 대열을 맞춰 서서 여호와께서 직접 싸우시고 구원하시는 것을 보면 됩니다. 전능하신 하나님의 통치에 맡기며 기도할 때 이러한 일이 일어납니다. 그리고 19절처럼, 우리는 여호와를 신뢰하며 찬송하면 되는 것입니다. 실제로 남 유다는 군대 앞에 거룩한 예복을 입은 이들을 행진시키며 감사 찬송으로 전쟁터에 나아갑니다(대하 20:21). 이 모든 전쟁은 남 유다의 승리로 마무리됩니다. 기도할 때 우리는 가장 연약한 자가 됩니다. 주만 바라볼 때 가장 강한 자가 됩니다.

6. 열왕기하 18장 1-8절을 읽어 봅시다. 히스기야 왕은 어떤 인물인가요?

북 이스라엘의 왕이 호세아였던 시절입니다. 호세아 왕은 앗수르에게 조공을 바치며 일종의 주종관계를 맺고 있었습니다. 결국 앗수르의 침공으로 사마리아 땅을 내주고 맙니다. 근본적인 원인은 그들의 신앙, 즉 하나님과의 관계 문제였습니다(왕하 17:7-8). 그러나 당시 남 유다의 히스기야 왕은 여호와를 올바로 섬기고 계명을 따랐습니다. 당연히 그의 길은 형통의 길이었습니다. 주종의 관계를 요구했던 앗수르에게 조공을 바치지도 않았습니다. 앗수르가 맹위를 떨치던 풍전등화와 같은 시기였지만 히스기야 왕은 오직 주만 바라보았습니다.

7. 북 이스라엘의 사마리아를 점령한 앗수르는 남 유다를 두 차례에 걸쳐 침공합니다. 열왕기하 18장 26-35절에서, 앗수르는 남 유다가 어떻게 하기를 바라고 있나요? 어떻게 해야 살아남을 수 있다고 말하고 있나요?

앗수르의 1차 침공 때 히스기야 왕은 많은 것을 빼앗겼습니다. 심지어 성전 문의 금과 기둥에 입혔던 금을 모두 벗겨 줄 정도였습니다(왕하 18:16). 2차 침공 때는 앗수르 왕을 대신해 랍사게라는 사람이 군대를 이끌고 예루살렘에 올라와 선전포고합니다. 그리고 그를 마중 나온 히스기야 왕의 대사들을 농락하기 시작합니다. 게다가 랍사게는 유다 말을 직접 사용해 유다 백성이 듣도록 말합니다.

히스기야 왕이 여호와 하나님만 예배하고 의지하라고 한 말을 믿지 말라고 비웃습니다. 기울어 가는 너희 자신의 모습을 보라는 것입니다. 앗수르를 섬기는 것이 예루살렘 성이 함락되지 않고 너희가 살 수 있는 길이라고 말합니다. 남 유다의 마음을 흔들어 놓기 위해 벌인 일들입니다.

8. 열왕기하 18장 36절부터 19장 2절을 읽어 봅시다. 랍사게의 말을 들은 유다 백성의 반응은 무엇인가요? 히스기야 왕은 곧바로 어떤 행동을 취하고 있나요?

유다 백성은 침묵으로 반응합니다. 침묵은 세상 소리에 대한 저항입니다. 신앙을 무너뜨리려는 세상의 함성에 대한 거부이고 '아니오'라고 외치는 것입니다. 앗수르가 아무리 힘이 세고 두려워 보여도 이스라엘 백성은 절대로 따르지 않겠다는 의미입니다. 이 소식을 들은 히스기야 왕은 왕궁의 책임자들을 이사야 선지자에게 보내 기도를 부탁합니다. 히스기야 왕은 주님만을 바라보며 두려움을 이겨 냅니다.

9. 재차 찾아온 랍사게가 이번에는 앗수르 왕 산헤립의 편지를 들고 옵니다. 이 편지를 전해 받은 히스기야 왕이 어떻게 대응하는지, 열왕기하 19장 14-20절을 읽어 봅시다.

히스기야 왕은 곧장 성전으로 올라갑니다. 가장 비극적인 문제를 들고 갑니다. 그리고 여호와 앞에 그 편지를 펴 놓고 기도합니다. 기도의 마지막에 그는 "천하 만국이 주 여호와가 홀로 하나님이신 줄 알리이다"(왕하 19:19)라고 고백합니다. 남 유다를 위협하는 세력 앞에서 히스기야 왕은 믿음으로 하나님의 왕 되심을 선포합니다. 기도는 최악의 상황에서 하나님만이 우리의 왕이심을 선포하는 것입니다. 이 믿음의 기도가 세상을 이깁니다. 히스기야 왕의 기도에 하나님은 이렇게 응답하십니다. "내게 기도하는 것을 내가 들었노라"(왕하 19:20). 얼마나 통쾌한 응답인지요. 하나님이 들으셨다는 것은 그 문제가 끝났다는 뜻이기 때문입니다. 실제로 여호와의 사자가 앗수르 진영에서 군사 18만 5천 명을 치는 일이 일어납니다.(왕하 19:35) 강대국 앞에 선 유다는 단지 기도했을 뿐 아무것도 하지 않았는데, 천하만국을 통치하시는 하나님이 친히 일하셨습니다. 연약한 자가 기도할 때 여호와께서 그 열심을 보여 주십니다.

세상의 힘이 너무나 강해 보일 때가 있습니다. 감히 나 혼자만의 힘으로는 버텨 낼 수 없는 적들에 둘러싸입니다. 두려운 마음으로 안절부절못하며 허둥지둥 다양한 방법을 찾는 것이 우리의 모습입니다. 이럴 때 우리는 기도해야 합니다. 기도는 하나님의 통치를 인정하며 그분의 다스림 아래로 들어가는 것입니다. 자신이 가진 지위와 권력, 돈과 지식을 모두 내려놓고 성전으로 올라가야 합니다. 작고 연약한 자의 모습으로 오직 주님의 능력만을 의지하며 기도해야 합니다. 그러면 말씀이 임할 것입니다. 우리가 직접 싸우지 않아도 하나님의 사자가 일하시는 모습을 보게 될 것입니다.

먼저 온 세상을 통치하고 다스리시는 분이 하나님이심을 고백하십시오. 하나님의 통치를 인정하고 자신을 낮출 때 그 믿음의 기도는 세상을 이깁니다. 성전에서 부르짖으면 들으실 것이라 하신 약속을 붙들고 기도합시다. 여호와의 승리를 미리 송축하며 찬송으로 영광을 먼저 올려 드립시다. 그러면 여호와의 열심을 보게 될 것입니다.

1. 감당할 수 없는 일이 다가왔을 때 기도하기보다는 내 지식과 인맥 등 동원할 수 있는 무언가를 먼저 찾아 나섰던 경험을 나누어 봅시다.

기도는 내가 할 수 없다는 고백입니다. 그리고 하나님의 통치와 다스림을 인정하는 외침입니다. 나는 아무것도 할 수 없는 연약한 자라고 고백하면서, "오직 주만 바라보나이다"라고 선언하는 것입니다. 여호사밧 왕도 지극히 겸비한 마음과 자세로 하나님께 기도했습니다. 히스기야 왕도 "주는 천하만국에 홀로 하나님이시라"(왕하 19:15)고 고백하며 모든 짐을 주 앞에 내려놓고 기도했습니다. 문제와 원수 앞에서 기도하지 못했던 내 모습을 돌아보며 가장 연약한 자의 모습으로 하나님께 기도하는 삶을 살겠다고 결단하며 기도하겠습니다.

2. 기도 제목이 생겼거나 갑작스러운 어려움을 당했을 때 작정하는 마음으로 성전에 나와 기도했던 적이 있나요? 함께 이야기 나누어 봅시다.

🙏 "주의 이름이 이 성전에 있으니… 이 환난 가운데에서

주께 부르짖은즉 들으시고 구원하시리라 하였나이다"(대하 20:9). 하나님은 우리가 환난 가운데 성전에 나와 부르짖기를 원하십니다. 성전에서 부르짖는 자에게는 응답하겠다고 약속하셨습니다. 하나님의 약속을 믿는 자는 기도 제목을 들고 하나님의 전으로 나옵니다. 성전은 비극이 끝나는 곳입니다. 기도하여 말씀으로 응답받는 곳입니다. 여호와의 열심으로 그 일을 이루리라는 확신을 얻는 곳입니다. 오늘 성전에 나와 부르짖어야 할 기도 제목이 있습니까? 하나님의 약속을 믿고, "여호와의 열심이 이 일을 이루리라!"라고 외치며 함께 기도하겠습니다.

3. 기도할 때 불평과 원망이 감사로 바뀐 간증이 있나요? 기도할 때 찬송이 터진 경험이 있나요? 그 이유는 무엇이었습니까?

기도는 하나님의 통치에 우리의 모든 것을 맡기는 것입니다. 하나님의 통치에 맡기며 기도할 때 우리는 찬송하게 됩니다. 주님이 일하실 것이기 때문입니다. 그 신실하심과 성실하심을 찬미하며 감사하는 것이 기도의 끝입니다. 나를 낮추고 주를 높이는 것, 오직 주만 바라보며 찬송하는 것, 이 것이 기도의 마지막에 오는 기쁨입니다. 감사와 찬송이 승리 입니다. 주는 나의 하나님이시며, 오직 주께만 감사드린다고 고백하며 기도하겠습니다.

여호와는 내 편이시라 내가 두려워하지 않네

주는 나의 능력이시요 나의 구원이 되셨도다

주는 나의 하나님이시라 내가 주께 감사하리이다

주는 나의 하나님이시라 내가 주를 높이리이다

여호와께 감사하라 그는 선하심이라

여호와께 감사하라 그의 인자가 영원함이로다

• 찬양 "시편 118편"(부제 : 주는 나의 하나님이시라)

주님, 우리는 연약합니다. 그러나 하나님은 강하고 위대하십니다. 세상이 외쳐 대는 그 어떤 비방과 모욕 앞에서도 요동하지 않고 기도하겠습니다. 다른 방법을 구하기 전에 먼저 성전에 나와 하나님께 엎드리겠습니다. 주님은 천하만국의 통치자이십니다. 오직 주만 바라보겠습니다. 아이를 해산할 힘이 없는 상황이 우리의 인생길 가운데 찾아올지라도 기도로 미리 승리를 내다보고 감사와 찬양으로 힘차게 나아가는 믿음을 주옵소서. 예수 그리스도의 이름으로 기도합니다. 아멘.

우리 하나님 여호와여 원하건대
이제 우리를 그의 손에서 구원하옵소서
그리하시면 천하만국이 주 여호와가
홀로 하나님이신 줄 알리이다 하니라

왕하 19:19

삽화 설명

제1과

모세의 기도 :
두 손을 높이 들라

우리 대화를 듣는 분이 계시기에 모세는 두 손을 들고 기도합니다. 간절히 기도하는 손은 거룩합니다. 그 기도를 통하여 하나님은 불가능의 바다를 여십니다. 그리고 별과 같은 주의 백성이 깃발을 들고 행진하게 하십니다. 빛과 흑암을 구별하시는 하나님은 기도하는 언약의 백성을 빛 가운데 거하게 하십니다. 어둠의 재앙 속에 남은 자들은 죽음의 바다에서 죄에 뒤엉켜 사라져 갑니다.

제2과

늙은 종의 기도 :
겸비하라

늙은 종이 자기 뜻과 경험을 내려놓고 겸손히 붙잡은 것은 주님 뜻을 구하는 기도입니다. 그의 기도에는 많은 별을 멀리서 바라보는 아브라함과 이삭의 소망이 그루터기만 남은 나무의 현실과 함께 나타납니다. 기도는 위대한 하나님의 약속과 초라한 내 현실을 연결합니다. 그러나 이 모든 과정은 순종하는 자에게 하나님의 시간에, 하나님의 방법대로 이루어집니다. 그리고 아직 기도가 끝나지 않았는데, 늙은 종의 몸 위로 꽃피운 겸비한 기도 앞에 응답의 리브가가 나타납니다.

제3과

한나의 기도 :
통곡하라

스스로 걸을 수조차 없을 만큼 큰 상처를 입은
한나는 주님을 완전히 의지할 수밖에 없습니
다. 한나는 야속한 현실에 지쳐 더 이상 버틸
힘이 없지만 믿음의 끈을 놓지 않습니다. 때로
기도는 뼈만 앙상히 남은 몸으로 끝없는 고통
의 계단을 오르는 것처럼 어렵습니다. 그러나
오늘 우리를 업고 걸으시는 예수님 때문에 풍
성한 열매와 물고기를 취하는 날이 올 것이고,
수많은 사람이 종려나무 가지를 들고 메시아
를 맞이하는 날이 올 것입니다. 암담하고 어두
운 현실 저 너머에 아직은 이스라엘의 등불이
켜져 있고 마지막 사사가 되는 응답의 아이 사
무엘이 서 있습니다.

제4과

여호수아의 기도 :
멈추어 주를 부르라

실패와 패배까지도 적나라하게 기록하는 성
경의 두루마리 위에서 여호수아는 멈추어 섭
니다. 공동체의 죄악 때문에 고통의 자리에
설지라도, 말씀이 오면 역전승이 시작됩니다.
나사로를 가둔 죽음도, 야이로의 딸을 붙잡은
사망도 예수님의 말씀 앞에 무너지기 때문입
니다. 여호수아는 세상 소식이 아닌, 하나님
말씀을 듣고 움직입니다. 성도가 정복할 성은
저 멀리 아이 성뿐 아니라 먼저 여기 있는 내
마음입니다.

제5과

슬로브핫의 딸들의 기도 :
믿음으로 나아가라

땅이 없는 이스라엘, 유업이 없는 여인들, 모두
가 잊어버린 한 가족과 각각의 사람을 하나님
은 기억하고 사랑하십니다. 오직 약속의 말씀
을 믿었기에 어떤 여인들은 창문에 붉은 줄을
내리고, 말씀을 약속으로 받으며, 홍해 앞에서
찬양하고, 흑암 같은 현실에서 빛을 보고, 하늘
의 양식으로 자라는 자손을 보며, 구원의 아기
를 거친 강에 띄우고, 마른 나뭇가지에 새 생명
을 꽃피우는 도구로 쓰임 받습니다. 그리고 하
나님의 사람은 자기 이름을 지워 버리는 느보
산 위에서 이스라엘을 돌아보며 이 모든 이야
기를 신명기로 남깁니다.

제6과

여호사밧과 히스기야의 기도 : 세상을 이겨라

연약한 왕은 도우시는 하나님을 향해 기도하고, 또 하나님 나라의 임재를 간구합니다. 자신들의 왕관을 벗어 권세와 능력이 오직 주께 있음을 고백하고 주님을 높입니다. 세상 왕은 랍사게를 통해 절망의 편지를 배달합니다. 재앙, 난리, 전염병, 기근과 같은 부정적인 세상 소식들은 언제나 우리 주변에 다가옵니다. 그러나 하나님의 사람은 그 부정적인 문제를 들고 기도의 자리로 나아갑니다. 그러자 주님이 한 천사를 보내어 말씀으로 응답하시고 칼로 구원하십니다. 응답의 말씀은 죄인을 구원하는 방주처럼 우리에게 오실 베들레헴의 약속의 아기와 십자가를 기록하고 있습니다. 나도 왕이 아니고, 세상도 왕이 아닙니다. 오직 왕은 그룹들 위에 계신 예수 그리스도뿐입니다.

박신일 목사님은 이 책을 통해 작은 창문 앞에
앉아 있는 사람들을 소개하고 있다. 그들은 각
자 작은 창을 열고 하나님을 바라보고 있었고,
하나님 또한 그 창을 통해 그들을 바라보고 계
셨다. 그렇게 하나님과 사람이 서로를 바라보
는 창문의 이름은 기도였다. 나 또한 그들처럼
기도의 자리에 앉아 창을 열었더니 잊힌 성경
의 이야기들이 예배당 스테인드글라스처럼 나
타났다. 그리고 차디찬 내 마음의 얼음 성을 무
너뜨리는 소리를 듣게 되었는데, 그것은 나사
렛 목수의 망치 소리와 갈보리 어린양의 노랫
소리였다.

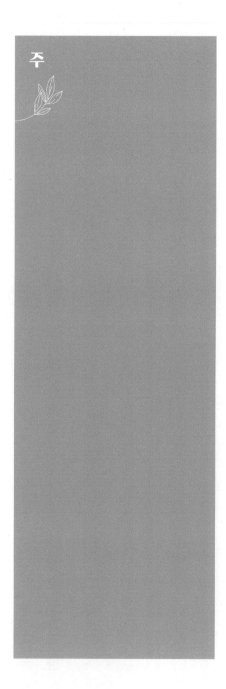

프롤로그

1. 조지 캠벨 모건, 《기도 바이블》, 배응준 역(서울: 규장, 2010), 10.

제1과

2. C. S. 루이스, 《기도의 자리로》, 윤종석 역(서울: 두란노서원, 2021), 21-22.
3. 같은 책, 16-17.
4. 같은 책, 20.
5. 같은 책, 19-20.

제2과

6. 헨리 나우웬, 《마음의 길》, 윤종석 역(서울: 두란노서원, 2021), 30.
7. C. S. 루이스, 53-54.
8. 존 엘드리지, 《인간의 욕망》, 김애정 역(서울: 포이에마, 2010), 17.
9. 같은 책, 31.

제3과

10. 헨리 나우웬, 40.
11. Alistair Begg, *Pray Big: Learn to Pray Like an Apostle*(London: The Good Book Company, 2019), 19.
12. 같은 책, 19.
13. 필립 얀시, 《한밤을 걷는 기도》, 홍종락 역(서울: 두란노서원, 2021), 36. 팬데믹 시대를 지나는 이 시대를 위해 필립 얀시는 17세기 영국에 전염병이 돌던 때 성직자로서 교회를 지켰던 존 던의 기도를 번역하여 이 책을 썼다.
14. 같은 책, 73.

제4과

15. 유진 피터슨, 《사복음서 설교》, 양혜원 역(서울: 복있는사람, 2020). 이 책은 특이하게 페이지를 표기하지 않았다. "마가복음-제7일 사막" 장 두 번째 페이지의 내용을 인용했다.

16. 팀 켈러, 《기도》, 최종훈 역(서울: 두란노서원, 2020), 134.

17. 같은 책, 136. 팀 켈러는 마르틴 루터의 《A Simple Way to Pray》를 인용하면서, 하루에 일어날 때와 잘 때 두 번씩 기도하는 것, 그리고 함께 교회에 모여 기도하는 것의 중요성을 재확인한다.

18. 유진 피터슨, "마가복음-제7일 사막" 장의 두 번째 페이지.

19. 유진 피터슨, 《한 길 가는 순례자》, 김유리 역(서울: IVP, 2001), 30.

20. 팀 켈러, 141-142.

제5과

21. 팀 켈러, 201.

22. Iain M. Duguid, Numbers: God's presence in the wilderness(Wheaton, IL: Crossway, 2006), 305.

23. Gordon J. Wenham, Tyndale Old Testament Commentaries 4 Numbers(Leicester, Eng. : Downers' Grove, Ⅲ. : IVP, 1981), 193-194.

24. C. S. 루이스, 《순전한 기독교》, 장경철·이종태 역(서울: 홍성사, 2003), 220-221. C. S. 루이스는 믿음에 대하여 이렇게 설명한다. "기독교 신앙은 믿을 만한 증거의 무게가 충분히 없는데 무조건 받아들이라는 것이 아니다. 어떤 사람이 믿음을 가졌다고 생각해 보자. 그러나 만일 어려움이 생기고 기분 나쁜 소식이 들릴 때 믿음에 혼돈이 찾아올 수 있다. 이것은 내 기분과 감정의 문제이다. 믿음은 아무리 기분이나 감정이 바뀌어도 내가 받아들인 진리를 끝까지 고수하는 기술이다. 왜냐하면 기분이나 감정은 나의 이성과 생각과 상관없이 변하기 때문이다."

25. 박철현, "슬로브핫의 딸들과 모세의 후계자 여호수아", 〈그 말씀〉(서울: 두란노서원, 2019년 2월호), 16.

제6과

26. 필립 얀시, 163.
27. 헨리 나우웬,《기도의 삶》, 윤종석 역(서울: 복있는사람, 2008), 25.
28. 팀 켈러, 15.
29. 헨리 나우웬,《귀향의 영성》, 윤종석 역(서울: 두란노서원, 2016), 30.
30. 유진 피터슨,《한 길 가는 순례자》, 149.